사도행전 강해 Ⅱ

더 많은 이방인들에게

박옥수 지음

도서출판 기쁜소식

| 저자의 글 |

사도행전은 예수님의 제자들에게 하나님의 영이 임하는 것으로 이야기가 시작된다. 성령이 임하기 전에 그들은 예수님과 다른 마음을 가지고 있었고, 그래서 늘 예수님과 다르게 행동했다. 예수님이 십자가에 못박혀 죽으심으로 인간의 모든 죄가 씻어졌고, 그 사실을 믿은 제자들에게 오순절에 성령이 임했다. 마음에 하나님 없이 살던 인간이 하나님과 더불어 살게 된 것이다. 자기 생각에 이끌려 살던 사람들이 성령에 이끌려 살게 되었다.

성령이 임한 예수님의 제자들에게 이전에 없던 새로운 모습이 나타나기 시작했다. 그들이 예수님과 같은 모습을 나타냈다. 베드로가 성전에 올라가다가 미문에서 구걸하는 앉은뱅이를 일으켰고, 그 일로 놀란 사람들이 베드로가 전하는 복음을 듣고 5천 명이나 구원을 받았다.

이제 사람들이 다 베드로와 사도들을 따르는 일이 일어날 것 같지만, 그들은 옥에 갇혔다. 사도 바울도 복음을 전하다가 돌에 맞아서 죽음 직전까지 가기도 했고, 감옥에 자주 갇혔으며, 많은 시련을 겪었다. 어느 시대, 어느 곳에서나 복음을 전하면 대적과 핍박이 뒤따른다. 사탄이 복음 전하는 사람들을 막으려고, 하나님의 말씀을 받아들이지 않는 사람들을 충동해서 어떤 일이든지 하기 때문이다.

고난과 핍박이 힘들게 보이지만, 그것은 하나님이 역사하시는 출발점이다. 고난과 핍박이 우리로 하여금 하나님을 바라보게 하고, 그때 하나님이 역사하셔서 우리 마음을 기쁨과 감사로 가득 채우신다. 교회에 어려움도 있지만, 하나님이 지키시고 도우시고 역사하시는 것이 말할 수 없이 아름답다. 언제 어느 때에라도 우리가 하나님을 바라봄으로써 모든 것이 아름다워진다.

사도행전을 읽을 때마다 나도 성령이 역사하는 자리에 서고 싶은 마음이 강하게 일어났다. '내 안에도 예수님이 계시니 나도 이렇게 하면 하나님이 역사하시겠구나!'라는 마음이 뜨겁게 올라와, 밖으로 나가서 사람들에게 복음을 외치고 싶었다.

사도행전이 기록된 2천 년 전이나 지금이나 하나님도 같고, 성령도 같고, 사탄도 같다. 그래서 사도행전 시대의 믿음의 사람들처럼 살면, 오늘도 당시와 똑같은 핍박이 뒤따르지만 그때와 똑같은 하나님의 역사가 일어난다. 이처럼 영광스러운 삶을 우리에게도 허락하신 하나님께 감사드리고, 이 책을 읽는 독자들이 다 그렇게 살게 되길 바란다.

기쁜소식강남교회 목사 박옥수

목 차

II
더 많은
이방인들에게

마게도냐 사람 하나가 서서
그에게 청하여 가로되
“마게도냐로 건너와서 우리를 도우라”

18강

백부장 고넬료와 이방인의 때

"가이사랴에 고넬료라 하는 사람이 있으니 이달리야대라 하는 군대의 백부장이라. 그가 경건하여 온 집으로 더불어 하나님을 경외하며 백성을 많이 구제하고 하나님께 항상 기도하더니 하루는 제 구시쯤 되어 환상 중에 밝히 보매 하나님의 사자가 들어와 가로되 '고넬료야' 하니, 고넬료가 주목하여 보고 두려워 가로되 '주여, 무슨 일이니이까?' 천사가 가로되 '네 기도와 구제가 하나님 앞에 상달하여 기억하신 바가 되었으니 네가 지금 사람들을 욥바에 보내어 베드로라 하는 시몬을 청하라. 저는 피장 시몬의 집에 우거하니 그 집은 해변에 있느니라' 하더라. 마침 말하던 천사가 떠나매 고넬료가 집안 하인 둘과 종졸 가운데 경건한 사람 하나를 불러 이 일을 다 고하고 욥바로 보내니라."(행 10:1~8)

이방인의 때가 차기까지 이방인들에게 밟히리라

창세기 12장에서 아브라함이 등장합니다. 세상에 많은 사람들이 있었지만 하나님이 아브라함을 선택하셨습니다. 아브라함이 이삭을 낳고, 이삭이 야곱을 낳고, 야곱이 열두 아들을 낳아서 이스라엘 열두 지파가 형성되었습니다. 하나님이 아브라함과 그 자손인 이스라엘 백성에게 복을 주셨습니다. 하나님이 이스라엘 백성을 선택해서 복을 주신 이유는, 그들이 하나님을 믿어 복을 받고 사는 것을 다른 민족들이 보고 '저 민족은 하나님을 믿어서 복을 받는구나. 우리도 하나님을 믿자' 하기 위함이었습니다.

누가복음 21장을 보면, 예수님이 십자가에 못박히시기 전에 이렇게 말씀하셨습니다.

"저희가 칼날에 죽임을 당하며 모든 이방에 사로잡혀 가겠고 예루살렘은 이방인의 때가 차기까지 이방인들에게 밟히리라."(눅 21:24)

예수님이 말씀하신 대로 나중에 예루살렘 성은 로마군에게 함락되고 많은 유대인이 죽임을 당했습니다. 그 후로 오랫동안 예루살렘은 이방인들이 거하는 땅이 되었습니다. 유대인은 그 땅의 주인이 되지 못했습니다. 거의 2천 년이 흐른 1948년 5월 10일, 이스라엘이 가나안 땅에 다시 나라를 세웠습니다. 하지만 예루살렘 성전이 세워져 있던 자리에는 지금 회교사원이 세워져 있습니다.

언젠가 제가 이스라엘에 갔을 때 성전이 있었던 자리에 가보았습니다. 지금은 '통곡의 벽'이라고 불리는 성전의 한쪽 벽만 남아 있습니다. 로마군이 예루살렘을 함락시키고 성전을 파괴할 때 로마군의 위대함을 후대에 보이려고 성전의 서쪽 벽만 남겨두었습니다. 성전이 있던 자리에는 이슬람교도들이 세운 '황금사원'이 있습니다. 사원 안에 평평한 바위가 있는데, 그 바위는 아브라함이 이삭을 번제로 드리려고 했던 곳입니다. 또한, 아라우나의 타작마당이 있었던 곳입니다. 그곳에 성전이 지어졌다가 파괴되었고 지금은 회교 사원이 세워져 있습니다. 유대인들은 그곳에 성전이 다시 세워지길 간절히 바라고 있습니다.

사람을 욥바에 보내어 베드로라 하는 시몬을 청하라

예수님이 '이방인의 때'에 대하여 말씀하셨습니다. 그 전에는 이스라엘 백성이 하나님의 축복을 받았지만 이방인이 하나님의 축복을 받는 자리에 앉게 된다는 것입니다. 그 이야기가 사도행전 10장에서 시작됩니다.

이스라엘을 통치하기 위해 주둔하고 있던 로마군 가운데 가이사랴에 고넬료라는 백부장이 있었습니다. 그는 유대인이 아니었지만 이스라엘에서 지내는 동안 하나님을 믿게 되었습니다. 고넬료는 집안 모든 사람과 함께 하나님을 경외하고, 이스라엘 백성을 많이 구제하고, 항상 하나님께 기도했습니다. 하루는 9시(오후 3시)쯤 되어 그가 환상을 또렷이 보았습니다. 환상 중에 하나님의 사자가 그를 불렀습니다.

"고넬료야."

고넬료가 하나님의 사자를 보고 두려워하며 말했습니다.

"주여, 무슨 일이니이까?"

천사가 말했습니다.

“네 기도와 구제가 하나님 앞에 상달하여 기억하신 바가 되었으니 네가 지금 사람들을 욥바에 보내어 베드로라 하는 시몬을 청하라. 저는 피장 시몬의 집에 우거하니 그 집은 해변에 있느니라.”

고넬료가 하인 둘과 경건한 군사 한 사람을 불러서 자신이 환상 중에 본 일을 이야기한 뒤 욥바로 보냈습니다. 욥바는 가이사랴에서 50킬로미터쯤 떨어져 있었습니다.

이튿날 정오쯤 되어 고넬료가 보낸 사람들이 욥바 성에 가까이 갔을 때 베드로가 기도하려고 지붕에 올라갔습니다. 베드로는 룻다에서 중풍병으로 8년 동안 누워 있던 애니아를 일으키고, 욥바 성도들의 간청으로 욥바로 가서 죽은 다비다를 살린 뒤 그곳에 머물고 있었습니다. 점심시간이 되어 시장하여 음식을 먹으려고 사람들이 준비하고 있을 때 베드로가 기도하려고 지붕에 올라갔다가 비몽사몽간에 환상을 보았습니다.

환상 중에 하늘이 열리더니 그릇이 하나 내려왔습니다. 큰 보자기 같은 그릇으로 네 귀퉁이가 줄에 묶여서 땅으로 내려왔습니다. 그릇 안에는 땅에 있는 각종 짐승, 기는 것들, 공중에 나는 것들이 들어 있었습니다. 이어서 소리가 들렸습니다.

“베드로야, 일어나 잡아먹어라.”

베드로가 말했습니다.

“주여, 그럴 수 없나이다. 속되고 깨끗지 아니한 물건을 내가 언제든지 먹지 아니하였삽나이다.”

두 번째 소리가 들렸습니다.

"하나님께서 깨끗케 하신 것을 네가 속되다 하지 말라."

이 일이 세 번 있은 뒤 그릇이 하늘로 올라갔습니다. 베드로가 자신이 본 환상이 무슨 의미인지 생각하고 있을 때 고넬료가 보낸 종들이 그 집 문 밖에서 사람을 불러 베드로를 찾았습니다.

"베드로라 하는 시몬이 이 집에 거하고 있습니까?"

그때 성령께서 베드로에게 말씀하셨습니다.

"두 사람이 너를 찾으니 일어나서 내려가 의심치 말고 함께 가라. 내가 저희를 보내었느니라."

베드로가 다락에서 내려가 자신을 찾는 사람들에게 말했습니다.

"내가 당신들이 찾는 사람입니다. 무슨 일로 왔습니까?"

종들이 대답했습니다.

"우리는 가이사랴에 있는 백부장 고넬료의 집에서 일하는 종들입니다. 백부장 고넬료는 의인이요 하나님을 경외하는 사람으로 모든 유대인이 그분을 칭찬합니다. 어제 우리 주인이 환상을 보았는데, 천사가 나타나 욥바에 가서 당신을 청하여 오라고 했습니다. 우리가 당신을 백부장의 집으로 모시고 가서 당신이 전해주는 이야기를 들으려고 합니다."

베드로가 그들을 들어오게 하여 그날은 그 집에 머물게 한 뒤, 이튿날 일어나서 저희와 함께 가이사랴로 향했습니다. 욥바에 있던 몇 형제도 함께 갔습니다.

먼 길을 여행해 이튿날 일행이 가이사랴에 도착했습니다. 베드로가 고넬료의 집에 들어가자 고넬료가 맞이하면서 발 앞에 엎드려 절했습니다. 베드로가 그를 일으켜 세우며 말했습니다. "일어서라. 나도 사람이라.” 집안으로 들어가자 여러 사람이 모여 있었습니다. 고넬료가 베드로가 전하는 말씀을 들으려고 집안 사람들과 가까운 친구들을 모아놓고 기다리고 있었습니다. 베드로가 모인 사람들을 보고 말했습니다.

“유대인으로서 이방인과 교제하는 것과 가까이하는 것이 위법인 것을 여러분도 알 것입니다. 그런데 하나님이 저에게 말씀하시길, 아무도 속되다 하거나 깨끗지 않다 하지 말라 하셔서 부름을 사양치 않고 왔습니다. 묻노니, 무슨 일로 나를 불렀습니까?”

고넬료가 말했습니다.

“나흘 전 이맘때 집에서 기도하는데 홀연히 한 사람이 빛난 옷을 입고 내 앞에 서서 말하되, ‘고넬료야, 하나님이 네 기도를 들으시고 네 구제를 기억하셨으니 사람을 욥바에 보내어 베드로라 하는 시몬을 청하라. 저가 바닷가 피장 시몬의 집에 우거하느니라’ 하셨습니다. 그래서 당신에게 사람을 보냈는데 오셨으니 정말 잘하셨습니다. 이제 우리는 주님께서 당신에게 명하신 모든 것을 듣고자 하여, 다 하나님 앞에 있습니다.”

베드로가 고넬료의 이야기를 듣고 말했습니다.

“참으로 하나님은 사람의 외모를 취하시는 것이 아니라, 하나님을 경외하며 의를 행하는 사람을 받으시는 줄 깨달았도다.”

이어서 고넬료와 모인 사람들에게 복음을 전했습니다.

“만유의 주 되신 예수 그리스도로 말미암아 화평의 복음을 전하사 이스라엘 자손들에게 보내신 말씀, 곧 요한이 그 세례를 반포한 후에 갈릴리에서 시작되어 온 유대에 두루 전파된 그것을 너희도 알거니

와, 하나님이 나사렛 예수에게 성령과 능력을 기름붓듯 하셨으매 저가 두루 다니시며 착한 일을 행하시고 마귀에게 눌린 모든 자를 고치셨으니 이는 하나님이 함께하셨음이라. 우리는 유대인의 땅과 예루살렘에서 그의 행하신 모든 일에 증인이라. 그를 저희가 나무에 달아 죽였으나 하나님이 사흘 만에 다시 살리사 나타내시되, 모든 백성에게 하신 것이 아니요 오직 미리 택하신 증인 곧 죽은 자 가운데서 일어나신 후 모시고 음식을 먹은 우리에게 하신 것이라. 우리를 명하사 백성에게 전도하되, 하나님이 산 자와 죽은 자의 재판장으로 정하신 자가 곧 이 사람인 것을 증거하게 하셨고, 저에 대하여 모든 선지자도 증거하되 '저를 믿는 사람들이 다 그 이름을 힘입어 죄 사함을 받는다' 하였느니라."(행 10:36~43)

베드로가 '예수님을 힘입어 죄 사함을 받는다'는 말을 할 때 말씀을 듣는 모든 사람에게 성령이 임했습니다. 베드로와 동행한 유대 성도들이 이방인에게도 성령이 임하는 것을 보고 놀랐습니다.

이방인의 때가 본격적으로 시작되다

예수님이 말씀하신 대로 이방인의 때가 열리기 시작했습니다. 사도행전 8장에서 빌립이 구스 내시에게 복음을 전해서 이방인이었던 내시가 구원받는 일이 있은 뒤, 10장에서 베드로가 고넬료의 집에 모여 있던 사람들에게 복음을 전해서 그들이 다 구원받고 성령이 임하는 역사가 일어났습니다. 유대인으로 살다가 구원받은 성도들은 구원이 유대인들에게만 임한다고 생각했습니다. 하나님이 아브라함을 택하셨기 때문에 그 자녀들에게 구원의 축복이 임한다고 생각했습니다.

사도행전 11장을 보면, 이방인에게 복음 전한 것을 아주 잘못된 일로 생각하는 성도들이 많았습니다. 베드로가 고넬료와 그와 함께 한 사람들에게 복음을 전한 뒤 예루살렘에 갔을 때 할례 받은 성도들이 베드로를 힐난했습니다.

"유대에 있는 사도들과 형제들이 이방인들도 하나님 말씀을 받았다 함을 들었더니, 베드로가 예루살렘에 올라갔을 때에 할례자들이 힐난하여 가로되 '네가 무할례자의 집에 들어가 함께 먹었다' 하니" (행 11:1~3)

베드로도 고넬료의 집에 갔을 때 그곳에 모여 있는 사람들에게 "유대인으로서 이방인과 교제하는 것과 가까이하는 것이 위법인 것을 여러분도 알 것입니다."라고 말했던 것처럼, 할례자들이 베드로가 이방인의 집에 들어가서 그들과 함께 음식을 먹었다고 비난했습니다. 베드로가 자신을 비난하는 사람들에게 이 일이 일어난 배경을 자세히 설명했습니다.

"내가 욥바 성에서 기도할 때에 비몽사몽간에 환상을 보니 큰 보자기 같은 그릇을 네 귀를 매어 하늘로부터 내리워 내 앞에까지 드리우거늘, 이것을 주목하여 보니 땅에 네 발 가진 것과 들짐승과 기는 것과 공중에 나는 것들이 보이더라. 또 들으니 소리 있어 내게 이르되 '베드로야, 일어나 잡아먹으라' 하거늘, 내가 가로되 '주여, 그럴 수 없나이다. 속되거나 깨끗지 아니한 물건은 언제든지 내 입에 들어간 일이 없나이다' 하니, 또 하늘로부터 두 번째 소리 있어 내게 대답하되 '하나님이 깨끗하게 하신 것을 네가 속되다 말라' 하더라. 이런 일이 세 번 있은 후에 모든 것이 다시 하늘로 끌려 올라가더라. 마침 세

사람이 내 우거한 집 앞에 섰으니 가이사랴에서 내게로 보낸 사람이라. 성령이 내게 명하사 '아무 의심 말고 함께 가라' 하시매 이 여섯 형제도 나와 함께 가서 그 사람의 집에 들어가니, 그가 우리에게 말하기를 '천사가 내 집에 서서 말하되, "네가 사람을 욥바에 보내어 베드로라 하는 시몬을 청하라. 그가 너와 네 온 집의 구원 얻을 말씀을 네게 이르리라" 함을 보았다' 하거늘, 내가 말을 시작할 때에 성령이 저희에게 임하시기를 처음 우리에게 하신 것과 같이 하는지라. 내가 주의 말씀에, 요한은 물로 세례 주었으나 너희는 성령으로 세례 받으리라 하신 것이 생각났노라. 그런즉 하나님이 우리가 주 예수 그리스도를 믿을 때에 주신 것과 같은 선물을 저희에게도 주셨으니 내가 누구관대 하나님을 능히 막겠느냐 하더라."(행 11:5~17)

베드로가 이렇게 말하자 사람들이 하나님께 영광을 돌리며 "그러면 하나님께서 이방인에게도 생명 얻는 회개를 주셨도다." 하며 이방인도 구원받는다는 사실을 받아들였습니다.

베드로가 백부장 고넬료의 집에 가서 복음을 전해서 그 집에 있던 사람들이 구원받은 일을 시작으로 이방인들이 구원받는 역사가 이어졌습니다.

"때에 스데반의 일로 일어난 환난을 인하여 흩어진 자들이 베니게와 구브로와 안디옥까지 이르러 도를 유대인에게만 전하는데, 그 중에 구브로와 구레네 몇 사람이 안디옥에 이르러 헬라인에게도 말하여 주 예수를 전파하니 주의 손이 그들과 함께 하시매 수다한 사람이 믿고 주께 돌아오더라."(행 11:19~21)

이방인의 때가 본격적으로 시작된 것입니다. 그 뒤에 사도 바울이 이스라엘 땅을 떠나 소아시아와 유럽으로 다니면서 많은 핍박과 어려움을 겪으며 복음을 전했고, 마지막으로 로마에 가서 복음을 전했습니다. 당시 세상의 중심이었던 로마에 복음이 전해진 뒤 복음이 곳곳으로 퍼져나갔습니다.

예수님의 죽음으로 유대인과 이방인이 하나가 되어

저는 구원받기 전 장로교회에 다닐 때 '택한 백성'이라는 이야기를 아주 많이 들었습니다. 하나님이 택하신 백성은 유대인이었습니다. 유대인들이 하나님의 아들을 거부하고 예수님을 십자가에 못박아 죽였기 때문에 하나님이 이방인의 때를 여셨습니다. 그 전에는 이방인은 하나님의 복에 참여할 수 없었는데 이방인들이 구원받는 길이 열렸습니다.

유럽 곳곳에 전파된 복음이 훗날 신앙의 자유를 찾아서 신대륙으로 떠난 청교도들을 통해 미국에 뿌리를 내렸고, 미국에서 일어난 수많은 선교사들이 전 세계로 복음을 들고 가서 온 세상에 복음이 전파되는 시대가 열렸습니다. 아직 이방인의 때여서 세계 곳곳에서 유대인이 아닌 이방인들이 예수님을 믿어 죄를 사함 받는 복을 누리고 있습니다.

이에 관해 에베소서 2장에서 자세히 이야기하고 있습니다.

"그러므로 생각하라. 너희는 그때에 육체로 이방인이요 손으로 육체에 행한 할례당이라 칭하는 자들에게 무할례당이라 칭함을 받는 자들이라. 그때에 너희는 그리스도 밖에 있었고 이스라엘 나라 밖의 사람이라. 약속의 언약들에 대하여 외인이요 세상에서 소망이 없고 하

나님도 없는 자이더니, 이제는 전에 멀리 있던 너희가 그리스도 예수 안에서 그리스도의 피로 가까워졌느니라. 그는 우리의 화평이신지라. 둘로 하나를 만드사 중간에 막힌 담을 허시고 원수 된 것 곧 의문에 속한 계명의 율법을 자기 육체로 폐하셨으니, 이는 이 둘로 자기의 안에서 한 새사람을 지어 화평하게 하시고 … 그러므로 이제부터 너희가 외인도 아니요 손도 아니요 오직 성도들과 동일한 시민이요 하나님의 권속이라. 너희는 사도들과 선지자들의 터 위에 세우심을 입은 자라. 그리스도 예수께서 친히 모퉁이 돌이 되셨느니라."(엡 2:11~20)

이전에 하나님은 이스라엘 백성의 하나님이었습니다. 그래서 유대인들은 다른 족속들을 이방인이요 무할례당이라고 불렀습니다. 그때에 이방인인 우리는 하나님과 상관이 없는, 소망 없는 사람들이었습니다. 그런데 예수님이 오셔서 그 담을 허셨습니다. 예수님은 유대인만 위하여 죽으신 것이 아니라 모든 사람을 위해 죽으셨기 때문입니다. 유대인이나 이방인이나 예수님이 십자가에 못박혀 흘리신 피로 죄 사함을 받습니다. 이제 '택한 백성이냐, 이방인이냐?'가 아닙니다. 둘로 나뉘는 것이 아니라 예수님 안에서 하나인 새로운 사람이 되는 것입니다. 에베소서 2장은, 이전에는 유대인과 이방인이 나누어졌지만 예수님의 죽음으로 그것이 없어지고 하나가 되었다고 말합니다.

성경과 다른 사실을 가르치는 교회들

예수님이 부활하신 뒤 많은 핍박 속에서 복음이 유대인에게 전해졌고, 이어서 이방인에게 전해졌습니다. 복음이 전해지는 곳마다 핍박도 끊이지 않았습니다. 오랜 세월 동안 핍박이 이어지다가, 313년에 로마 황제 콘스탄티누스가 기독교를 공인하면서 박해가 끝났습니다. 그와 함께 기독교도 타락하기 시작했습니다. 점점 변질되어서 나중에는 면죄부를 파는 지경에 이르렀습니다. 그때 죄로 인해 고통하던 천주교 신부 루터가 로마서 1장 17절의 **"오직 의인은 믿음으로 말미암아 살리라."**라는 말씀대로, 행위가 아닌 예수님의 피가 죄를 씻었다는 사실을 믿음으로 의롭게 된다는 사실을 깨닫고 종교개혁을 일으켰습니다. 다시 복음이 전해지기 시작했고 사람들이 구원받는 역사가 일어났습니다.

하지만 얼마 지나지 않아서 다시 변질되어 갔습니다. 수많은 예배당이 세워지고 사람들이 교회에 다니지만 교회에서 성경과 다른 설교를 했습니다. 예수님이 우리를 위해 십자가에 못박혀 죽으셨다고 이야기하면서도 '우리는 죄를 지으니까 죄인이다. 지은 죄를 회개해서 씻어야 한다'고 가르쳤습니다. 그러나 예수님이 십자가에 못박혀 죽으셨는데도 우리 죄가 다 씻어지지 않았다면, 그것만큼 예수님을 경멸하는 이야기가 없습니다. 예수님이 우리 죄를 다 씻지도 못하신다면 왜 십자가에 못박히셔야 합니까? 복음과 다른 이론들이 교회 안에서 퍼져나가는 것입니다.

하나님이 '이방인의 때'를 여셔서 모든 이방인이 구원받을 수 있는 길을 여셨습니다. 아직 이방인의 때가 끝나지 않아서 모든 이방인이 구원받을 수 있습니다. 그런데 안타깝게도, 오늘날 얼마나 많은 교회에서 '예수님의 피로 모든 죄가 씻어진 것이 아니다'라고 가르치는지 모릅니다. 우리가 죄인인 것이 옳다고 가르칩니다. 그러나 예수님은 우리 모든 죄를 사하셨습니다.

"또 너희의 범죄와 육체의 무할례로 죽었던 너희를 하나님이 그와 함께 살리시고, 우리에게 모든 죄를 사하시고"(골 2:13)

"염소와 송아지의 피로 아니하고 오직 자기 피로 영원한 속죄를 이루사 단번에 성소에 들어가셨느니라."(히 9:12)

"저가 한 제물로 거룩하게 된 자들을 영원히 온전케 하셨느니라."(히 10:14)

인간이 지은 모든 죄를 예수님이 영원히 씻어서 우리를 영원히 의롭고 거룩하게 하셨습니다.

19강

그 이름을 힘입어 죄 사함을 받는다

"만유의 주 되신 예수 그리스도로 말미암아 화평의 복음을 전하사 이스라엘 자손들에게 보내신 말씀, 곧 요한이 그 세례를 반포한 후에 갈릴리에서 시작되어 온 유대에 두루 전파된 그것을 너희도 알거니와 하나님이 나사렛 예수에게 성령과 능력을 기름붓듯 하셨으매 저가 두루 다니시며 착한 일을 행하시고 마귀에게 눌린 모든 자를 고치셨으니 이는 하나님이 함께하셨음이라. 우리는 유대인의 땅과 예루살렘에서 그의 행하신 모든 일에 증인이라. 그를 저희가 나무에 달아 죽였으나 하나님이 사흘 만에 다시 살리사 나타내시되 … 하나님이 산 자와 죽은 자의 재판장으로 정하신 자가 곧 이 사람인 것을 증거하게 하셨고, 저에 대하여 모든 선지자도 증거하되 '저를 믿는 사람들이 다 그 이름을 힘입어 죄 사함을 받는다' 하였느니라. 베드로

가 이 말 할 때에 성령이 말씀 듣는 모든 사람에게 내려오시니, 베드로와 함께 온 할례 받은 신자들이 이방인들에게도 성령 부어 주심을 인하여 놀라니 이는 방언을 말하며 하나님 높임을 들음이러라."(행 10:36~46)

마음에 죄가 있다면, 예수님이 이루신 일이 미쳐지지 않은 것

베드로가 욥바에서 지내다가 백부장 고넬료의 청함을 받고 가이사랴에 있는 고넬료의 집으로 갔습니다. 그곳에 모여 있는 사람들에게 예수님의 죽음과 부활에 대하여 이야기하고, 마지막으로 죄 사함에 관하여 말했습니다.

"저에 대하여 모든 선지자도 증거하되 '저를 믿는 사람들이 다 그 이름을 힘입어 죄 사함을 받는다' 하였느니라."(행 10:43)

예수님을 믿는 사람은 다 죄 사함을 받는다고 했습니다. 어느 시대 사람이든지, 어떻게 산 사람이든지 예수님을 믿으면 죄 사함을 받습니다. 어떤 사람이 교회에 열심히 다니고, 기도하고 헌금하고 금식하고 선한 일을 하고 교회에서 봉사도 했는데 죄 사함을 받지 못했다면, 그래서 마음에 죄가 있다면 그 사람은 예수님을 믿는 사람이 아니라는 것입니다. 그 사람이 이렇게 말할지 모릅니다.

"내가 교회에 신실하게 다니면서 예수님을 믿고, 마음을 쏟아서 성경 말씀대로 살려고 했습니다. 그런데 예수님을 믿지 않는 사람이라니, 무슨 그런 막말이 있습니까?!"

자신은 분하게 생각할지 모르지만 죄 사함을 받지 못한 사람은 예수님을 믿는 사람이 아닙니다. 예수님을 믿으면 죄 사함을 받기 때문입니다.

누구든지 죄 사함을 받으면 의로워집니다. 거룩한 성도가 됩니다. 성도는 예수님을 주인으로 모시고 삽니다. 예수님이 주인이기 때문에 성도의 삶에 어떤 문제나 어려움이 찾아오든지 예수님이 돕고 해결해 주십니다.

저는 1962년에 죄 사함을 받은 뒤 내 몸을 예수님께 드렸습니다. 부족함도 있고 연약함도 있었지만 예수님을 위해서 살았고, 그때부터 내 모든 일을 예수님이 책임지시는 것을 보았습니다. 어떤 문제나 어려움 속에서도 예수님이 나를 지키셨고, 도우셨습니다. 모든 것을 예수님이 복되고 아름답게 바꾸셨습니다. 몸이 병들었을 때 예수님이 고쳐 주셨고, 나를 해하려고 하는 사람들의 손에서 나를 보호하셨습니다.

예수님은 우리 죄를 씻기 위해 십자가에 못박혀 죽으셨습니다. 만약 내 마음에 죄가 있다면, 그것은 예수님이 이루신 일이 나에게 미쳐지지 않았다는 말입니다. 예수님이 죽으셨는데도 마음에 죄가 있다는 것은 예수님과 내가 아무 관계가 없다는 이야기입니다. 오늘날 예수님을 믿는다고 하는 사람이 얼마나 많은지 모릅니다. 슬프게도, 그 많은 사람들 가운데 죄를 씻지 못해서 죄인으로 사는 사람 또한 얼마나 많은지 모릅니다. 자신은 예수님을 믿는다고 하지만 예수님과 아무 관계가 없는 사람들입니다.

교회에 다니는 많은 사람들이 지은 죄를 스스로 씻으려고 애쓰고, 죄를 짓지 않으려고 발버둥을 칩니다. 그래서 예수님을 믿는 것이 어렵고 힘들고 고통스럽습니다. 그러나 예수님을 믿는 것은 우리에게 참된 쉼을 가져다줍니다. 예수님이 우리 죄를 다 씻어 주셨기 때문입니다. 우리가 아무것도 하지 않아도 예수님이 십자가에 못박혀 죽어 우리 죄를 다 씻어 놓으셨습니다. 그 사실을 믿으면 우리가 얼마나 행복해지는지 모릅니다.

로마서 8장에서 이렇게 말했습니다.

"누가 정죄하리요, 죽으실 뿐 아니라 다시 살아나신 이는 그리스도 예수시니. 그는 하나님 우편에 계신 자요 우리를 위하여 간구하시는 자시니라."(롬 8:34)

우리 죄를 씻으신 분은 예수님이시고, 죄가 다 씻어졌기 때문에 우리를 보고 '의롭다' 하신 분은 하나님이십니다.

"누가 능히 하나님의 택하신 자들을 송사하리요, 의롭다 하신 이는 하나님이시니."(롬 8:33)

예수님이 우리를 죄인으로 놔두실 이유가 없다

베드로는 백부장 고넬료의 집에 가서 예수님을 힘입어서 죄 사함을 받는다는 이야기를 했습니다. 구약 성경에서 모든 선지자가 예수님에 대하여 그렇게 증거했다고, 고넬료의 집에 모여 있는 사람들에게 말했습니다.

베드로전서 2장에서 베드로는 예수님이 우리 죄를 씻으신 사실을 분명히 이야기합니다.

"저는 죄를 범치 아니하시고 그 입에 궤사도 없으시며, 욕을 받으시되 대신 욕하지 아니하시고 고난을 받으시되 위협하지 아니하시고

오직 공의로 심판하시는 자에게 부탁하시며, 친히 나무에 달려 그 몸으로 우리 죄를 담당하셨으니 이는 우리로 죄에 대하여 죽고 의에 대하여 살게 하려 하심이라. 저가 채찍에 맞음으로 너희는 나음을 얻었나니, 너희가 전에는 양과 같이 길을 잃었더니 이제는 너희 영혼의 목자와 감독 되신 이에게 돌아왔느니라."(벧전 2:22~25)

예수님이 십자가에 못박혀 우리 죄를 담당하셨다고 했습니다.

제 아내가 저와 결혼하기 전에 빚이 100만 원이 있었다고 해봅시다. 결혼한 뒤에는 그 빚이 아내 빚이기도 하지만 내 빚도 됩니다. 나에게 돈이 있으면 내가 갚아주는 것이 당연합니다. 우리가 예수님을 믿기 전에 죄를 지었고 그 죄를 우리가 책임져야 했습니다. 그런데 예수님은 죄를 씻으실 수 있고, 우리를 사랑하십니다. 그렇다면 우리 죄를 씻어 주시지 죄인으로 놔두실 이유가 없습니다.

사람들이 예수님을 잘못 믿기 때문에 죄인으로 남아 있는 것이지 예수님이 죄를 씻지 않으신 것이 아닙니다. 우리가 예수님을 믿어서 예수님과 하나가 되면 예수님이 우리 죄를 씻어 주신 것을 누리게 됩니다. 죄가 다 씻어져서 의롭게 됩니다. 그것을 하나님의 은혜라고 합니다.

죄를 짓지 않아서 의인인 사람은 하나도 없습니다. 우리는 다 죄를 지었습니다. 그런 우리가 의롭게 된 것은 예수님의 피로 죄를 다 씻었기 때문입니다.

"모든 사람이 죄를 범하였으매 하나님의 영광에 이르지 못하더니, 그리스도 예수 안에 있는 구속으로 말미암아 하나님의 은혜로 값 없이 의롭다 하심을 얻은 자 되었느니라."(롬 3:23~24)

많은 죄를 지은 우리가 하나님의 은혜로, 아무 값도 지불하지 않고 의롭다 하심을 얻었습니다. 하나님이 우리를 보고 '의롭다' 하셨습니다. 이 사실을 믿을 때 우리가 거듭나며 성령이 우리 마음에 임합니다.

"베드로가 이 말 할 때에 성령이 말씀 듣는 모든 사람에게 내려오시니"(행 10:44)

고넬료의 집에 모여 있던 사람들이 베드로가 전해준 '예수님을 믿음으로 죄 사함을 받는다'는 이야기를 마음에 받아들였을 때 그들에게 성령이 임했습니다. 성령은 문자 그대로 거룩한 영입니다. 거룩하기 때문에 죄가 있는 마음에는 절대로 거하실 수 없습니다. 반드시 죄가 다 씻어진 사람의 마음에 들어가십니다.

죄를 짓지 않으려고 발버둥을 치며 살다가

저는 어려서부터 교회에 다녔지만 나이가 들어가면서 점점 죄를 짓기 시작했습니다. 제가 어렸을 때에는 사람들이 대부분 가난하게 살아서 먹을 것이 모자라 배가 많이 고팠습니다. 소년이 되면서 친구들과 어울려 남의 집 사과도 따먹고, 감도 따먹고, 참외도 따먹고, 땅콩도 캐먹고, 밀 이삭도 꺾어서 먹었습니다. 교회에서 죄를 지으면 안 된다고 배웠지만 고픈 배를 채우기 위해서는 남의 집 과일이나 곡식을 훔쳐먹지 않을 수 없었습니다.

한번은 참외밭에서 참외를 서리하다가 주인과 마주쳐 얼른 도망쳤습니다. 그런데 그 아저씨가 나를 알아보고 큰 소리로 "저놈, 아무개 아들 아냐?" 하셨습니다. 아버지와 잘 아는 분이었습니다. 나중에 아버지가 저를 불러서 화를 내며 혼을 내셨습니다. 참외밭 주인이 아버지에게 "자네 아들이 우리 참외밭을 다 망쳐놓았어."라고 했다며, "내가 너 때문에 부끄러워서 이 동네에 못 살겠다!"라고 하셨습니다.

제 나이가 열여덟, 열아홉 살이 되었을 때에는 친구들이 저녁마다 한 집에 모여서 어울렸습니다. 그 집에 사는 친구는 아버지가 안 계셔서 늘 그 집에서 모였습니다. 친구들이 놀다가 밤이 깊어지면 서리를 하러 갔습니다. 그렇게 시간을 보내고 늦은 밤에 친구들과 헤어져 집으로 돌아가면서 지은 죄로 인해 마음이 무거웠습니다. 새벽이 되면 교회에 갔습니다. 죄가 있으면 죽어서 지옥에 가기 때문에 지은 죄를 씻으려고 새벽마다 교회에 가서 죄를 용서해 달라고 기도했습니다. 죄를 짓지 않게 해달라고 간절히 구했습니다.

"하나님, 오늘 저녁에는 그 친구 집에 가지 않게 해주십시오. 그곳에 가면 죄를 짓지 않을 수 없습니다."

친구 집에 가지 않겠다고 다짐하고 또 다짐했습니다. 그런데 저녁을 먹고 나면 할 일 없이 집에 가만히 있는 것이 답답해서 나도 모르게 발걸음이 친구 집으로 향했습니다. 어느새 친구들이 늘 모이는 방에 제가 앉아 있었습니다. 그리고 또 도둑질을 했습니다. 그런 삶이 계속되면서 마음에 절망이 가득 찼습니다. '나는 지옥에 갈 수밖에 없구나…!'

그해 10월 7일이었습니다. 새벽에 교회에 가서 기도하다가 예수님이 내 죄를 다 씻으셨다는 사실이 믿어졌습니다. 죄에서 벗어나서 얼마나 기쁘고 감사했는지 모릅니다. 그날 저녁부터 친구들이 모이는 곳에 가지 않았습니다. 가지 않으려고 애쓰지 않았는데 저절로 멀어졌습니다. 대신 손에 성경을 들고 성경을 읽기 시작했습니다. 시간이 날 때마다 성경을 읽었습니다.

하루는 오후에 친구와 만나기로 약속했는데 시간이 남아서 성경을 조금 읽다가 가야겠다고 생각했습니다. 성경을 잠깐 읽은 것 같았는데, 성경에서 눈을 떼고 보니 시간이 얼마나 흘렀는지 저녁때가 다 되어 있었습니다. 자주 성경에 깊이 빠져서 지냈습니다. 그 전에는 늘 죄를 짓고 살았고, 죄를 짓지 않으려고 발버둥을 쳐도 죄에서 조금도 벗어나지 못해 나는 저주를 받을 것이라는 고통 속에서 살았습니다. 그런데 예수님이 내 죄를 다 씻어 주셨다니, 얼마나 감사했는지 모릅니다. 성경에서 그런 사실을 확인할 때마다 말할 수 없이 기쁘고 감사했습니다.

하나님, 드릴 것이라고는 이 몸밖에 없습니다

너무 감사해서 하나님께 헌금을 드리고 싶었습니다. 그런데 나에게는 돈이 한푼도 없었습니다. 헌금을 드리고 싶은데 드릴 수 없으니 마음이 타들어갔습니다. 도둑질을 해서라도 드리고 싶은 마음이 일어날 정도로 마음이 안타까웠습니다. 어느 날 하나님께 기도를 드렸습니다.

"하나님, 제가 헌금을 드리고 싶은데 돈이 없습니다. 제가 드릴 것이라고는 이 몸밖에 없습니다. 별로 쓸모없는 몸이지만 받아서 써주시길 바랍니다."

그때 저는 목사나 선교사가 된다는 것은 꿈도 꾸지 않았습니다.

한국전쟁이 끝난 후라 남자들이 많이 죽어서 여자들만 사는 집이 많았습니다. 그런 집에 가보면, 비가 오는 날 지붕이 새서 세숫대야를 방에 두고 지냈습니다. 어떤 집은 방 구들장이 깨져서 불을 때면 연기가 굴뚝으로 나가지 않고 방에 가득 찼습니다. 그런 집들이 많았습니다. 제가 그런 사람들을 도우며 살 수는 있겠다는 생각이 들었습니다. 집수리를 마치고 주인 아주머니에게 물 한 컵 달라고 해서 마시고 나오면 행복하겠다는 생각이 들었습니다.

그런데 제가 상상도 하지 못한 길로 하나님이 저를 이끄셨습니다. 내 안에 계신 성령이 생각지도 못한 곳으로 제 발걸음을 옮기게 하셨습니다. 저를 선교학교에 들어가게 하셨고, 복음 전도자가 되게 하셨습니다. 제가 복음을 전해서 한 사람이 처음 구원받았던 때를 잊을 수 없습니다. 선교학교에서 훈련을 마치고 압곡동이란 산골 마을에서 지낼 때, 주인 아주머니 친구분이 들렀을 때 복음을 전해서 그분이 구원을 받았습니다. 그분 이름이 손을순이었습니다. 얼마나 기쁘고 감사했던지 제가 하는 기도의 70퍼센트가 손 자매님을 위한 것이었습니다.

나중에 손 자매님을 통해서도 하나님이 역사하셔서 자매님이 기도하면 병든 사람이 낫고 귀신 들린 사람에게서 귀신이 나갔습니다. 여러 사람이 자매님을 통해서 구원을 받았습니다. 지금 힘있게 복음을 전하고 있는 박희진 목사님도 손 자매님이 복음을 전해서 구원받았습니다. 당시에는 폐결핵에 걸려서 죽음 앞에 서 있던 청년이었는데, 구원받은 뒤 하나님의 역사로 병이 깨끗이 나았고 복음 전도자가 되었습니다.

우리 안에 성령이 계셔서 우리 걸음을 인도하시면

우리가 죄에서 해방을 받으면 마음에 성령이 들어오십니다. 예수님의 피로 내 죄가 씻어졌다는 사실을 믿어서 우리 마음이 눈보다 깨끗해지면 하나님의 영이 우리 안에 들어와 거하십니다. 그때부터 우리 마음과 삶에 하나님이 역사하십니다. 그것이 말할 수 없이 감사한 일입니다. 저는 구원받고 60년이 넘는 세월을 복음을 위해서 살았습니다. 그 시간 동안 저로서는 생각할 수 없고 감당할 수도 없는 일들을 수없이 했습니다. 하나님이 내 안에서 살아 일하셨습니다. 하나님이 쓸모없던 저를 통해서 복음이 전 세계에 전해지는 일을 이루셨습니다.

우리가 잘나야 하는 것이 아니고 똑똑해야 하는 것도 아닙니다. 아무것도 아닌 사람이어도 우리 안에 성령이 계시고, 성령이 우리 삶을 주관하고 우리 걸음을 인도하시면 놀라운 일들이 일어납니다. 그 삶은 내가 사는 것이 아니라 내 안에 계신 예수 그리스도께서 사시는 삶입니다.

고넬료의 집에 모여서 베드로가 전해준 복음을 듣던 사람들이 죄 사함을 받았습니다. 그들 마음에 성령이 임했습니다. 이제 그들에게는 이전과 전혀 다른 삶이 시작됩니다. 구원받기 전에는 악한 영이 우리를 이끌어 죄 속으로 끌고 갔지만 성령이 우리 안에 들어오시면 삶이 달라집니다. 죄의 종이었던 저도 구원받은 뒤 오늘날까지 복음만을 위해 살게 해주셨습니다.

예수님은 우리를 더러운 죄에서 벗어나게 해주려고 십자가에 못 박히셨습니다. 예수님이 십자가에 못박혀 흘리신 피가 우리 죄를 씻었다는 사실을 믿을 때 우리 마음이 예수님의 마음과 하나가 됩니다.

죄가 씻어져서 우리가 의롭게 되고 성령이 우리 안에 오셔서 삶을 이끌어 주십니다.

헬라인에게 복음을 전할 때 십계명을 이야기했겠는가?

베드로가 고넬료의 집에서 복음을 전할 때 그들에게 율법을 전혀 이야기하지 않았습니다. 율법을 지켜야 하나님의 축복을 받고, 의롭게 되어서 하늘나라에 간다고 하지 않았습니다. 그들은 이방인이었기 때문에 율법을 제대로 알지 못했을 것입니다. 그것이 죄 사함을 받는 데 아무 걸림이 되지 않았고, 성령이 임하는 데에도 아무 문제가 되지 않았습니다.

안타깝게도, 오늘날 예배를 드리면서 십계명을 봉독하는 교회가 많습니다. 십계명을 어기면 죄인이 되고, 그 죄를 용서받기 위해서 눈물을 흘리며 기도하는 사람이 많습니다. 때로는 기도원에 가서 금식하며 죄를 용서해 달라고 애타게 간구하는 사람이 많습니다. 그렇게 하는 것이 오늘날 교회들의 보편적인 흐름입니다. 그러나 베드로는 고넬료의 집에 가서 십계명은 언급도 하지 않았습니다. 이야기할 시간이 모자라서 안 한 것이 아닙니다. 구원받고 성령이 임하는 데 있어서 율법은 아무 의미가 없기 때문입니다.

베드로가 이방인에게 복음을 전했다는 이야기를 구원받은 유대인들이 듣고 베드로에게 따졌습니다.

"베드로가 예루살렘에 올라갔을 때에 할례자들이 힐난하여 가로되 '네가 무할례자의 집에 들어가 함께 먹었다' 하니, 베드로가 저희에게 이 일을 차례로 설명하여"(행 11:2~4)

베드로가 어떤 일들이 있었는지 자세히 이야기하자 그제야 받아들였습니다.

"저희가 이 말을 듣고 잠잠하여 하나님께 영광을 돌려 가로되 '그러면 하나님께서 이방인에게도 생명 얻는 회개를 주셨도다' 하니라."
(행 11:18)

베드로가 고넬료의 집에서 복음을 전한 일이 있은 뒤 이방인들이 구원받는 역사가 이어졌습니다.

"때에 스데반의 일로 일어난 환난을 인하여 흩어진 자들이 베니게와 구브로와 안디옥까지 이르러 도를 유대인에게만 전하는데, 그 중에 구브로와 구레네 몇 사람이 안디옥에 이르러 헬라인에게도 말하여 주 예수를 전파하니 주의 손이 그들과 함께하시매 수다한 사람이 믿고 주께 돌아오더라."(행 11:19~21)

핍박을 피해서 예루살렘을 떠나 안디옥으로 간 성도들이 헬라인에게도 복음을 전해서 수다한 사람이 믿고 돌아왔다고 했습니다. 헬라인에게 복음을 전할 때 십계명을 이야기했겠습니까? 그렇지 않습니다. 오직 예수님의 죽음으로 우리 죄가 씻어졌다는 복음을 전했습니다. 그 사실을 믿음으로 이방인인 헬라인들이 구원받았고, 그들 마음에 성령이 임했습니다.

그 소식을 듣고 예루살렘 교회에서 바나바를 안디옥 교회로 보내 그들을 인도하게 했습니다. 바나바가 안디옥 교회를 인도하다가 다소에 있던 바울을 데리고 와서 함께 안디옥 교회 성도들을 인도했습니다.

"바나바는 착한 사람이요, 성령과 믿음이 충만한 자라. 이에 큰 무

리가 주께 더하더라. 바나바가 사울을 찾으러 다소에 가서 만나매 안디옥에 데리고 와서 둘이 교회에 일 년간 모여 있어 큰 무리를 가르쳤고, 제자들이 안디옥에서 비로소 그리스도인이라 일컬음을 받게 되었더라."(행 11:24~26)

우리가 죄 사함을 받기 위해서 율법을 지켜야 하는 것이 아니고, 성령을 마음에 모시기 위해서 특별한 무엇이 필요한 것도 아닙니다. 성령은 죄가 다 씻어져서 마음에 죄가 없는 깨끗한 사람에게 임합니다. 그리고 마음은, 예수님이 십자가에 못박혀 죽으심으로 죄가 이미 씻어진 사실을 받아들일 때 깨끗해집니다.

죄가 씻어져야 합니다. 어떤 사람이든지 죄 사함을 받지 못하면 성령은 절대로 그 안에 들어가시지 않습니다. 우리를 죄에서 구원할 수 있는 길은 예수님이 십자가에 못박혀 흘리신 피밖에 없습니다. 우리가 받아야 할 모든 죄의 형벌을 예수님이 십자가에 못박혀서 다 받으셨습니다.

20강

옥에서 나온 베드로

"그때에 헤롯 왕이 손을 들어 교회 중 몇 사람을 해하려 하여 요한의 형제 야고보를 칼로 죽이니 유대인들이 이 일을 기뻐하는 것을 보고 베드로도 잡으려 할새 때는 무교절일이라. 잡으매 옥에 가두어 군사 넷씩인 네 패에게 맡겨 지키고 유월절 후에 백성 앞에 끌어내고자 하더라. 이에 베드로는 옥에 갇혔고 교회는 그를 위하여 간절히 하나님께 빌더라. 헤롯이 잡아내려고 하는 그 전날 밤에 베드로가 두 군사 틈에서 두 쇠사슬에 매여 누워 자는데 파수꾼들이 문 밖에서 옥을 지키더니 홀연히 주의 사자가 곁에 서매 옥중에 광채가 조요하며 또 베드로의 옆구리를 쳐 깨워 가로되 '급히 일어나라' 하니 쇠사슬이 그 손에서 벗어지더라. 천사가 가로되 '띠를 띠고 신을 들메라' 하거늘 베드로가 그대로 하니 천사가 또 가로되 '겉옷을 입고 따라오라' 한대

베드로가 나와서 따라갈새 천사의 하는 것이 참인 줄 알지 못하고 환상을 보는가 하니라. 이에 첫째와 둘째 파수를 지나 성으로 통한 쇠문에 이르니 문이 절로 열리는지라. 나와 한 거리를 지나매 천사가 곧 떠나더라."(행 12:1~10)

헤롯이 요한의 형제 야고보를 죽였습니다. 유대인들이 그것을 기뻐하는 것을 보고 베드로를 죽이려고 사로잡아서 옥에 가두었습니다. 사도행전 12장 5절에서 "이에 베드로는 옥에 갇혔고 교회는 그를 위하여 간절히 하나님께 빌더라."라고 했습니다. 교회는 예수 그리스도의 신부이기 때문에 신부인 교회가 간구하면 신랑이신 예수님이 들으십니다. 하나님이 베드로를 구하기 위해 천사를 보내셨습니다.

어떤 철문이라도 예수님으로 말미암아 벗어날 수 있고

헤롯이 베드로를 옥에 가둔 뒤, 각각 군사가 넷씩인 네 패로 하여금 베드로를 지키게 했습니다. 베드로를 죽이기로 계획된 전날 밤, 베드로는 두 군사 틈에서 두 개의 쇠사슬에 손이 묶인 채로 누워서 자고 있었습니다. 문 밖에서는 파수꾼들이 지키고 있었습니다. 그때 천사가 나타나서 베드로의 옆구리를 치며 "급히 일어나라." 했습니다. 베드로가 내일이면 죽는데 무슨 잠이 오겠습니까? 교회 생각, 가족 생각 등등으로 잠을 이루지 못할 것 같습니다. 그런데 베드로는 얼마나 깊이 잠이 들었는지, 천사가 옆구리를 쳐서 그를 깨워야 했습니다.

베드로가 잠에서 깨자 베드로의 손에서 쇠사슬이 저절로 벗어졌습니다. 베드로 옆에서는 두 군사가 자고 있었습니다. 천사가 베드로에게 "띠를 띠고, 신을 들메라." 하여 베드로가 그대로 하자, 천사가 "겉옷을 입고 따라오라." 했습니다. 베드로가 천사를 따라가면서도 그것이 실제인지 환상을 보는 것인지 분간하지 못했습니다. 첫 번째 파수꾼을 지나고 두 번째 파수꾼을 지나서 성으로 나가는 쇠문에 이르자 문이 저절로 열렸습니다. 베드로가 천사를 따라서 쇠문을 나온 뒤 한 거리를 지나자 천사가 떠나갔습니다.

헤롯이 베드로를 죽이려고 빠져나갈 틈이 없게 지켰지만 하나님이 천사를 보내시니 아무 소용이 없었습니다. 베드로가 그 모든 데에서 벗어났습니다. 이런 일을 생각하면 하나님의 은혜가 얼마나 감사한지 모릅니다. 베드로가 쇠사슬에 두 손이 묶여 있었던 것처럼 사탄이 문제나 어려움으로 우리 마음을 얽매어 옵니다. 저도 결코 벗어날 수 없을 것 같은 문제에 묶일 때가 종종 있었습니다. 그러나 예수님이 오시면 저절로 벗겨지고 맙니다.

예수님은 제일 먼저 내 마음을 결코 벗어날 수 없을 것 같았던 죄에서 벗어나게 해주셨습니다. 내가 사탄의 영역 안에 있을 때에는 사탄이 내 눈을 가려놓아서 "기쁜 날 기쁜 날 주 나의 죄 다 씻은 날"이라고 찬송하면서도 죄인이라고 했습니다. 어느 날, 내가 사탄의 영역에서 벗어나서 예수님의 영역 안으로 들어가자 모든 것이 달라졌습니다. 똑같은 나인데 마음 중심에서 "머리털보다도 더 많던 내 죄가 눈보다 더 희어졌네"라는 찬송이 울려퍼졌습니다. 얼마나 놀라웠는지 모릅니다. 세상에 그보다 기쁜 일, 감사한 일, 놀라운 일은 없습니다. "주 예수 내 맘에 오심"이라는 찬송을 마음을 담아 목소리를 높여서 힘껏 불렀습니다. 예수님이 오시자 어둡기만 했던 내 마음에서 어둠이 밀려나가고 마음이 밝고 따뜻해졌습니다.

구원받은 우리 마음에 하나님이 베드로에게 보내신 천사와 비교할 수 없는, 귀한 예수님이 계십니다. 우리 마음이 예수님의 마음과 흘러서 하나가 되면 아무리 어려운 문제도 문제가 안 됩니다. 우리를 가두고 있는 창살이 벗어날 수 없는 창살이 아니고, 견고한 철문이 나갈 수 없는 철문이 아닙니다. 어떤 창살 어떤 철문이라도 예수님으로 말미암아 얼마든지 벗어날 수 있고 나갈 수 있습니다.

하나님께서 물고기들도 저렇게 지키시는데…

베드로의 손을 묶고 있었던 쇠사슬이 저절로 벗어지고 쇠문이 저절로 열린 것처럼, 우리 마음을 묶어서 두려움과 고통을 주던 문제들이 예수님이 임하시면 저절로 풀어집니다. 우리가 자유로운 마음으로 하나님을 찬양하게 됩니다.

제가 선교학교에서 훈련을 받고 거창 장팔리에 있는 조그마한 교회에서 복음을 전할 때였습니다. 퍽 가난했던 시절인 데에다 초기에는 주로 학생들이 구원받아서 예배당에 필요한 물건들이 거의 없었습니다. 겨울이 찾아왔는데 불을 때지 않은 썰렁한 예배당에서 추위를 견디는 것이 너무 힘들었습니다. 그때는 저녁마다 모임을 가졌습니다. 형제 자매들과 함께 모여서 "내 죄 사함 받고서 예수를 안 뒤 나의 모든 것 다 변했네" 하며 소리 높여 찬송을 부르고, 돌아가면서 간증을 한 뒤, 제가 말씀을 전했습니다. 그 시간이 말할 수 없이 기쁘고 감사했습니다.

모임을 마치면 형제 자매들이 집으로 돌아갔습니다. 저는 조금이라도 더 머물러 있다가 갔으면 좋겠다는 바람을 가졌지만, 예배당이 추워서 아무도 더 머물러 있으려고 하지 않았습니다. 사람들이 다 돌아가고 나면 저만 홀로 남았습니다. 밤이 깊어 자야 하는데 이불이 없어서 주일학교 찬송을 적은 궤도를 덮고 잠을 잤습니다.

'이러다가 내가 밤에 얼어죽어서 아침에 시체가 되어 있지는 않을까?'라는 두려움이 여러 번 찾아왔습니다. 아침이 되어 교회 근처에 사는 학생 자매 '선주'가 찾아와 "전도사님!" 하고 불러도 아무 대답이 없어서, 문을 열고 들어와서 내가 죽어 있는 것을 보고는 엉엉 우는 광경이 상상이 되었습니다. 아침에 일어나면 밤새 추위에 웅크리고 자서 온몸이 뻣뻣하게 굳은 것 같았습니다. 아무래도 그 겨울을 넘기지 못할 것만 같았습니다. 고향이 선산이라 거창에서 별로 멀지 않았지만, 왜 그랬는지 집에 가서 이불을 가져와야겠다는 생각을 하지 못했습니다.

하루는 아침에 일어나서 세수를 하려고 예배당 바로 옆에 있는 개울로 갔습니다. 개울물이 두껍게 얼어 있었지만 유리처럼 투명해서 얼음 밑에서 물고기들이 헤엄쳐 다니는 모습이 보였습니다. 그 순간 스쳐지나가는 생각이 있었습니다.

'이 추운 겨울에 물고기들은 얼음장 밑에서도 사는구나. 하나님께서 물고기들도 저렇게 지키시는데 하물며 사랑하는 자녀인 나를 지키시지 못하겠는가!'

그 생각이 마음에 깊이 자리를 잡았습니다. 하나님이 추위에서 나를 능히 지키실 수 있다는 사실이 내 마음을 죽을지도 모른다는 두려움에서 해방시켜 주었습니다. 그날 이후 저는 더이상 두렵지 않았습니다. 밤이 되면 여전히 춥고 아침이 되면 몸이 뻣뻣했지만 두렵지 않았기 때문에 편안히 잠들 수 있었습니다. 그리고 그 해 겨울을 잘 넘길 수 있었습니다.

우리 마음에 근심이나 두려움이 있을 때 그것은 그냥 생긴 것이 아닙니다. 사탄의 영역이 구원받은 우리 마음을 침범해 들어온 것입니다. 우리가 그런 마음에 젖어 있어야 할 이유가 없습니다. 성경에서 어떻게 말했습니까?

"아무것도 염려하지 말고 오직 모든 일에 기도와 간구로 너희 구할 것을 감사함으로 하나님께 아뢰라. 그리하면 모든 지각에 뛰어난 하나님의 평강이 그리스도 예수 안에서 너희 마음과 생각을 지키시리라."(빌 4:6~7)

성경은 우리에게 아무것도 염려하지 말라고 했습니다. 오직 기도와 간구로, 구할 것을 감사함으로 하나님께 아뢰라고 했습니다. 그렇게 하면 모든 지각에 뛰어난 하나님의 평강이 우리 마음과 생각을 지킨다고 했습니다. 우리는 연약하고 부족하지만 예수님과 동행하는 동안 연약과 부족에서 벗어날 수 있고, 슬픔과 두려움과 염려에서 벗어날 수 있습니다. 우리가 하나님을 의지할 때, 밝고 복된 삶을 살기에 부족함이 없도록 하나님께서 우리 가운데 일하시는 것이 말할 수 없이 감사합니다.

당신은 방 한 칸 없이 사셨으면서 저에게 이런 집을 주십니까!

저는 1969년에 군대에서 제대했습니다. 제가 군대에 가기 전에 있었던 교회에는 다른 목회자가 와서 일하고 있었기 때문에 제가 갈 곳이 없었습니다. 저는 김천에 가서 복음을 전하고 싶었습니다.

어느 날 아는 선교사님이 저에게 전화를 했습니다. 그때는 집회를 할 만한 큰 건물이 없어서 야외에 천막을 치고 집회를 많이 했습니다. 당시에는 서울대 주변이 목장이었는데 선교사님이 그곳에 천막을 치고 집회를 했습니다. 선교사님이 집회를 하면서 보니, 아이들이 있을 곳이 없어서 천막 주변에서 놀았습니다. 그 모습을 보고 선교사님이 저에게 연락했던 것입니다. "여기에 아이들이 많으니, 집회 사이에 주일학생들을 모아서 찬송도 가르치고 복음도 전하면 좋겠다." 제가 가겠다고 했습니다. 선교사님은 오전과 저녁에 집회 강사로 말씀을 전하시고, 저는 중간에 주변의 아이들을 천막에 모아서 찬송도 가르치고 성경도 가르쳤습니다.

집회를 마치자 선교사님이 3,500원을 주셨습니다. 저에게는 큰 돈이었습니다. 그 돈을 가지고 아무것도 사먹지 않고 곧바로 기차를 타고 돌아왔습니다. 그 돈으로 김천에서 지낼 집을 얻으려고 알아 보니 전세 7만 원을 달라고 했습니다. 제가 가진 돈은 집세의 20분의 1밖에 안 되었습니다. 돈은 없지만 김천 시가지를 위쪽에서부터 아래까지 걸어다니면서 보았습니다. 큰길 좌우로 건물들이 서 있고 건물마다 상점 등이 들어서 있었습니다.

'하나님, 저기에는 다방이 있고요, 저기에는 양품점이 있고요, 저기에는 식당이 있습니다. 하나님, 세상 신들도 자기 사람들에게 건물을 주는데 하나님의 종인 제가 김천에서 복음을 전하려고 하니 집을 주십시오. 저는 도와주는 사람이 아무도 없습니다. 김천에서 복음을

전하고 싶습니다.'

속으로 혼자 이야기하면서 김천 시내를 걸어다녔습니다. 그러고는 산속 마을인 압곡동으로 돌아가서 지냈습니다. 가진 돈은 없지만 김천에서 살 집을 알아보려고 시간이 날 때마다 김천으로 갔습니다.

그렇게 지내다가 영국에서 온 앤더슨 선교사님을 김천에서 거창 가는 버스 안에서 우연히 만났습니다. 선교사님은 내가 살던 산골 마을 압곡동 집에 며칠을 머물렀고, 떠나가면서 나와 1년만 같이 살고 싶다고 했습니다. 제가 선교사님께 '저는 김천에 가서 복음을 전할 계획이니 김천에 방을 얻어서 오라'고 말씀드렸습니다. 며칠 뒤, 선교사님이 김천에 집 얻는 일을 위해 하나님께 기도해서 응답을 받았다며 35만 원을 들고 압곡동으로 찾아왔습니다. 김천에서 제일 좋은 집을 살 수 있는 큰돈이었습니다. 그 돈으로 집을 얻어서 함께 지내자고 했습니다.

얼마 후 김천에서 방이 여러 개 있는 집을 전세로 얻어서 선교사님과 함께 지냈습니다. 선교사님이 1년 동안 같이 있으면서 전도도 다니고 좋은 시간을 보냈습니다. 제가 어려울 때도 있고 굶을 때도 있었지만, 선교사님이 약속한 대로 저를 돕지 않았습니다. 하나님이 저를 도우시는 것이 아주 선명했고, 그 집을 하나님이 제게 허락하셨다는 마음도 들었습니다. 선교사님은 1년 후 떠나면서 전세금을 제게 넘겨주고 갔습니다. 정말 고마웠습니다.

그런데 그 전셋값을 떼이고 말았습니다. 집주인이 노름에 빠져서 집을 은행에 넘기고 도망가버렸습니다. 그 집에서 살 수도 없고, 전세금을 찾을 수도 없었습니다. 거처를 다시 마련해야 했습니다. 집을 담보로 넘겨받은 은행 지점장이 틈만 나면 찾아와서 집을 비워 달라고 했습니다. 정말 어려웠습니다. 그 집에 다락이 있었는데, 몸을 구부려야 들어갈 수 있는 그곳에 새벽마다 들어가서 집을 위해 하나님께 기도했습니다.

어느 날 기도하는데 하나님이 '너, 오늘 시내에 가서 집을 한번 알아 봐라'는 마음을 주셨습니다. '하나님이 집을 알아보라고 하시네…' 하며 김천 시내를 둘러보다가 세를 놓는다고 쓴 2층 건물을 보았습니다. 건물이 보기에 좋았습니다. 김천에서 어린이 전도를 중심으로 일했는데 그 일을 계속하기에도 좋을 것 같았습니다. 전세 20만 원이라고 적혀 있었습니다. 당장 1만 원도 없었기에 그냥 돌아왔습니다.

그 후 집회에 계속 가서 집에 있는 날이 거의 없었습니다. 석 달쯤 지나 그날도 다락에 올라가서 무릎을 꿇고 집을 달라고 기도했습니다. 한참 기도하는데 하나님이 '전에 본 그 집이 어떠냐?'는 마음을 주셨습니다. '그 집 너무 좋지요.' 하나님이 그 집을 주고 싶어하신다는 마음이 들었습니다. 집이 정말 좋았기 때문에 '그 집 벌써 나갔을 텐데…' 하며 가보니 아직 비어 있었습니다. 주인을 만나려고 건물 안으로 들어갔더니 아이들만 있었습니다.

"아버지 어디 가셨냐?"

"예, 밖에 나가셨어요."

"내가 2층 건물을 얻으러 저녁에 올 테니 아버지께 집에 계시라고 해라."

저녁에 찾아가서 주인을 만났습니다. '하나님이 이 집을 우리에게 주실 것 같은데 어떻게 이야기하지?' 생각하다가 입을 열었습니다.

"선생님, 저는 하나님의 종입니다. 이 도시에 하나님의 복음을 전하러 왔습니다. 우리가 20만 원을 주고 전셋집을 얻어 지냈는데 집주인이 노름하다 집을 은행에 넘기고 도망갔습니다. 그래서 제가 이사를 해야 하는데 집이 없어서 하나님께 기도를 드렸고, 하나님이 이 집을 나에게 주시겠다는 마음이 들었습니다. 저는 돈이 없습니다. 이 집을 주시려면 주십시오. 그러나 동정은 하지 마십시오. 하나님이 이 집 아니면 다른 집을 준비하셨을 줄 믿습니다."

주인이 눈을 감고 한참을 생각하더니, 눈을 뜨고 말했습니다.

"나는 시내 지좌동에 있는 지좌교회 장로올시다. 하나님께서 나에게 국도변에 이렇게 좋은 건물을 주셨는데, 하나님의 종이 쓰신다는데 내가 어떻게 막겠습니까? 쓰십시오."

믿어지지 않았습니다. 그때 안방에서 장로님 딸이 피아노로 찬송가를 치는데 내가 하늘나라에 있는 것 같았습니다. 장로님과 이런저런 이야기를 나누고 일어나려고 하자 장로님이 저에게 물었습니다.

"돈이 없다는 걸 압니다. 그래도 그냥 들어오면 서로 어색하니까 얼마라도 준비해서 오면 좋겠습니다. 얼마쯤 준비할 수 있습니까?"

"8만 원이요."

저도 모르는 사이에 8만 원이라는 말이 입에서 튀어나왔습니다. 장로님이 기뻐하면서 "됐습니다. 오십시오." 하는데, 8만 원이 어디 있습니까?

다음날 은행 지점장을 찾아갔습니다.

"지점장님, 하나님이 허락하셔서 이사를 하게 되었습니다. 이번 토요일에 집을 비우겠습니다."

지점장님이 나를 잡더니 조금 기다리라고 했습니다. "내가 박 형 같은 사람의 앞길을 막는 게 너무 미안했어요." 하며 금고에서 돈을 꺼내서 내 주머니에 넣어 주었습니다. 거절하지 않았습니다. 얼마인지 궁금해서 견딜 수 없었습니다. 은행을 나와 골목길을 돌아서자마자 돈을 꺼내서 세어 보았습니다. 만 원이었습니다. 정말 감사했습니다.

오후에는 어떤 아주머니가 찾아왔습니다. 전에 우리가 그분 집을 얻으려고 계약했다가 문제가 생겨 해약했는데, 보증금으로 준 5만 원을 돌려받지 못했었습니다. 아주머니가 그 돈의 일부를 가지고 왔습니다. 가제 수건에 꼭꼭 싸서 들고 왔는데 4만 원이었습니다. 정말 감사했습니다. 이제 5만 원이 되었습니다.

그때 제 친구가 연락해서 "네가 어렵다는 이야기를 들었다. 내가 사업을 시작해서 넉넉하진 않지만 노는 돈이 2만 원이 있으니 가져다 써라. 형편 되면 갚고, 못 갚으면 또 어떻게 하겠냐?"라고 했습니다. '나에게 이런 친구가 있었나!' 하고 또 고마웠습니다. 이제 7만 원이 되었습니다. 같이 일하던 몇몇 형제들에게 있는 돈을 다 내놓으라고 했습니다. 동전까지 다 모으니 8천 원이 조금 더 되었습니다. 나머지 돈은 어떻게 구해서 8만 원을 채웠습니다.

이사하는 날, 형제들에게 맡기고 저는 성경을 들고 전도하러 갔습니다. 어느 집에서 오후 내내 복음을 전했습니다. '이제 이사를 끝냈겠다' 싶어서 전도를 마치고 나오려고 하는데 비가 내렸습니다. 주인 아주머니가 말했습니다.

"전도사님, 죄송하지만 우리 집에는 우산이 없습니다. 조금 있다가 비가 그치고 가면 안 되겠습니까?"

그날 저는 비를 좀 맞고 싶었습니다.

"괜찮습니다. 예수님도 비올 때 비를 맞으셨을 텐데요."

성경을 품안에 넣고 비를 맞으며 걸었습니다.

'주님, 주님이 세상에 계실 때에는 집이 없으셨지요. 낮에 말씀 전하시고 밤에 감람산에 가서 주무셨지요. 주님, 오늘처럼 비가 오는 날에는 어느 나무 밑에서 비를 피하셨습니까? 집 한 채, 방 한 칸 없이 어느 처마 밑에서 비를 피하셨습니까? 당신은 그렇게 사셨으면서 저 같은 인간이 뭐라고 이런 집을 주십니까! 주님, 감사합니다! 저는 주님만을 위해 살겠습니다! 복음만을 위해 살겠습니다!'

감사해서 눈물이 흘렀습니다. 울며 울며 집까지 갔습니다.

베드로처럼 쇠사슬에 묶이고 철문 안에 갇힐지라도

우리가 예수님의 은혜와 사랑을 누리며 살 수 있는 것이 얼마나 감사한지 모릅니다. 종종 베드로처럼 쇠사슬에 묶이고 철문 안에 갇힐지라도 예수님을 바라보면 됩니다. 우리 안에 예수님을 생각하는 마음과 죄가 같이 머물 수 없고, 예수님을 생각하는 마음과 두려움이 같이 머물 수 없습니다. 예수님이 우리 안에 계실 때 죄와 근심과 두려움은 사라집니다. 한없이 큰 하나님의 은혜와 사랑이 우리 마음을 가득 채웁니다.

베드로가 천사를 따라서 옥에서 나오고 천사가 떠난 뒤 비로소 정신이 들었습니다. '내가 이제야 참으로 주께서 그의 천사를 보내어 나를 헤롯의 손과 유대 백성의 모든 기대에서 벗어나게 하신 줄 알겠노라' 하며, 마가 요한의 어머니 마리아의 집으로 갔습니다. 마가의 어머니 마리아는 바나바의 누나로 큰 부자였습니다. 성령이 임할 때 예수님을 믿는 사람들 120명이 그 집 다락방에 모여 있었습니다. 베드로가 잡힌 뒤에도 성도들이 그 집에 모여서 기도했습니다.

베드로가 그 집 대문을 두드리자 '로데'라 하는 계집아이가 나갔다가 베드로의 음성을 듣고는 기뻐서 문을 열지도 않고 안으로 달려 들어가 사람들에게 말했습니다.

"베드로가 밖에 있어요."

"베드로는 지금 감옥에 있어."

"아니에요. 밖에 있어요."

"네가 정신이 없구나."

"아니, 틀림없어요."

"그러면 그의 천사다."

베드로가 문을 계속 두드려서 사람들이 밖에 나가 문을 열어 베드로를 보고 놀랐습니다.

구원받은 우리는 예수 그리스도의 신부요, 하나님의 자녀입니다. 어떤 경우에도 하나님을 의지하면 하나님이 우리가 생각할 수 없는 놀라운 일을 이루십니다. 예수님이 같이 계시면 어떤 죄도, 어떤 문제도, 어떤 슬픔도, 어떤 근심도, 어떤 두려움도 우리를 얽어매지 못합니다. 예수님의 능력으로 다 이기고 우리 삶에 하나님의 은혜와 축복이 가득해집니다.

21강

사도 바울의 1차 전도 여행

"안디옥 교회에 선지자들과 교사들이 있으니 곧 바나바와 니게르라 하는 시므온과 구레네 사람 루기오와 분봉왕 헤롯의 젖동생 마나엔과 및 사울이라. 주를 섬겨 금식할 때에 성령이 가라사대 '내가 불러 시키는 일을 위하여 바나바와 사울을 따로 세우라' 하시니 이에 금식하며 기도하고 두 사람에게 안수하여 보내니라. 두 사람이 성령의 보내심을 받아 실루기아에 내려가 거기서 배 타고 구브로에 가서 살라미에 이르러 하나님의 말씀을 유대인의 여러 회당에서 전할새 요한을 수종자로 두었더라. 온 섬 가운데로 지나서 바보에 이르러 바예수라 하는 유대인 거짓 선지자 박수를 만나니, 그가 총독 서기오 바울과 함께 있으니 서기오 바울은 지혜 있는 사람이라. 바나바와 사울을 불러 하나님 말씀을 듣고자 하더라."(행 13:1~7)

사도행전 13장에서 사도 바울과 바나바의 전도 여행이 시작됩니다. 안디옥 교회에서 구원받은 성도들을 인도하던 바나바와 바울이 성령의 인도로 따로 세움을 입어서 전도 여행을 떠났습니다. 우리가 사도 바울과 바나바와 함께 전도 여행을 떠날 수는 없지만, 성경에서 두 사람이 전도했던 여정을 따라가면서 이야기를 나눌 수 있어서 정말 감사합니다.

구브로 섬의 총독 서기오 바울과 박수 엘루마

사도 바울은 모두 네 차례 전도 여행을 했습니다. 세 차례 전도 여행을 떠났다가 돌아오고, 4차 전도 여행 때에는 로마로 가서 그곳에 머물며 복음을 전하는 이야기로 사도행전이 끝이 납니다. 1차 전도 여행에서 바울과 바나바는 배를 타고 지중해 안에 있는 가까운 섬 구브로(키프로스)로 가서 복음을 전했습니다.

사도행전 13장에서 바울과 바나바가 복음을 전한 첫 번째 사람은 총독 서기오 바울이었습니다. 서기오 바울 옆에는 박수(술사)인 엘루마가 있었습니다. 총독이 신앙적인 면에 상당히 관심이 있어서 엘루마와 같이 있었는데, 바울과 바나바가 총독에게 복음을 전하려고 하자 엘루마가 가로막았습니다. 바울이 전하는 복음이 자신이 했던 말과 달랐기 때문에, 총독으로 하여금 자신의 이야기를 따르게 하려고 바울이 전하는 복음을 믿지 못하게 힘썼습니다.

바울이 복음을 전해서 서기오 바울 총독을 구원의 길로 인도하고 싶은데 엘루마가 계속 가로막자 마음이 안타까워서 견딜 수 없었습니다. 바울이 성령이 충만하여 엘루마를 주목하며 말했습니다.

"모든 궤계와 악행이 가득한 자요 마귀의 자식이요 모든 의의 원수여, 주의 바른 길을 굽게 하기를 그치지 아니하겠느냐? 보라, 이제 주의 손이 네 위에 있으니 네가 소경이 되어 얼마 동안 해를 보지 못하리라."

바울이 이렇게 말하자 즉시 안개와 어두움이 엘루마를 덮어서 아무것도 볼 수 없게 되어, 그가 자신을 인도해줄 사람을 찾았습니다. 그 광경을 보고 총독이 바울이 전하는 하나님이 참된 신이라는 사실을 알고 복음을 받아들여서 구원을 받았습니다.

교회에서 목회하는 것은 성도들에게 말씀을 전하고 교제하며, 찾아오는 사람들에게 복음을 전하면 되기 때문에 큰 부담 없이 할 수 있습니다. 목회자와 성도는 서로 믿는 사이이고, 성도들이 전도해서 데리고 오는 사람들도 어느 정도 마음이 열려 있기 때문에 이야기하는 것이 그다지 어렵지 않습니다.

새로운 곳으로 전도 여행을 떠나는 것은 교회에서 목회하는 것과 전혀 다릅니다. 돈을 많이 가져가는 것도 아니고, 잠자리가 준비된 것도 아니며, 만날 사람이 기다리고 있는 것도 아닙니다. 낯선 곳에서 낯선 사람들과 만나서 복음을 전해야 합니다. 말이 통하지 않을 수도 있고, 살아온 방식이 달라서 생각 차이로 어려움을 겪을 수도 있습니다. 그렇기 때문에 한 걸음 한 걸음 내디딜 때마다 하나님의 역사를 바라볼 수밖에 없습니다.

바울과 바나바가 전도 여행을 처음 떠나 구브로 섬의 총독에게 복음을 전하려고 했습니다. 총독을 만나는 것이 쉬웠겠습니까? 높은 위치에 있는 사람을 만나는 것이 결코 쉽지 않습니다. 두 사람이 여러 어려움을 넘어 총독을 만나서 복음을 전했을 것입니다. 그때 총독이 두 사람이 하는 이야기에 귀를 기울이는데 엘루마가 방해하니 마음이 얼마나 안타까웠겠습니까? 처음에는 '하나님, 우리가 복음을 전할 수 있도록 도와주십시오' 하는 마음이 들었을 것입니다. 그런데 엘루마가 계속 방해하자 바울이 성령이 충만한 마음으로 그를 꾸짖었습니다.

"모든 궤계와 악행이 가득한 자요 마귀의 자식이요 모든 의의 원수여, 주의 바른 길을 굽게 하기를 그치지 아니하겠느냐? 보라, 이제 주의 손이 네 위에 있으니 네가 소경이 되어 얼마 동안 해를 보지 못하리라."

그러자 바울이 이야기한 대로 하나님이 역사하셨습니다. 베드로가 성전 미문에서 구걸하던 앉은뱅이를 예수님의 이름으로 일으키자 수많은 유대인이 그 광경을 보고 마음을 열어서 예수님을 믿었던 것처럼, 총독이 바울이 말한 대로 엘루마가 앞을 보지 못하는 광경을 보고 마음을 열어서 예수님을 믿어 죄 사함을 받았습니다. 성령의 인도를 좇았을 때 하나님의 놀라운 역사가 나타나서 사람들을 구원의 길로 인도했습니다.

대통령께서 목사님을 한번 뵙고 싶어하십니다

하나님의 역사는 사도행전 시대에만 일어나는 것이 아닙니다. 언제 어느 때라도 하나님을 믿는 믿음을 가지면 하나님이 역사하십니다. 저도 구원받은 뒤 복음을 전하면서 하나님을 의지했을 때 제가 생각할 수 없었던 놀라운 일들이 이루어지는 것을 자주 경험했습니다. 바울과 바나바를 통해서 구브로 섬의 총독 서기오 바울이 구원받은 것처럼, 저를 통해서도 하나님이 역사하셔서 여러 국가 정상들이 구원을 받았습니다.

한 나라의 정상을 만나는 것은 쉽지 않고, 절차도 복잡합니다. 하지만 그런 분들도 죄가 있고, 예수님을 믿지 않으면 멸망을 당할 수밖에 없기 때문에 하나님께서 그분들에게 복음을 전할 수 있도록 우리에게 기회를 주십니다.

오래 전에 우연한 기회에 제가 파라과이 대사를 만났습니다. 그 후로 점점 가깝게 지냈는데, 하루는 대사님이 찾아와서 저를 형님으로 삼고 싶다고 했습니다. 제가 대사님보다 나이가 많았습니다. 우리가 그만큼 가깝게 지냈습니다. 어느 날 대사님이 또 저를 찾아왔습니다.

"목사님, 제가 고민이 있습니다."

"무슨 고민입니까?"

"이번에 우리나라 대통령으로 당선되신 분이 한국을 방문해서 3일 동안 계십니다."

대사가 어느 나라에 있는 동안 그 나라 대통령이 방문하는 것은 출세하는 데 아주 좋은 기회로, 일생에 한 번 있을까 말까 한 일이라고 합니다.

"제가 대통령을 잘 모셔서 대통령 마음에 들면 장관도 될 수 있습니다. 문제는 대사관에 예산이 없어서 돈이 모자랍니다. 목사님께 부탁이 있습니다."

"무슨 부탁입니까?"

"대통령께서 음악을 좋아하십니다. 그래서 대통령을 위해 음악회를 하고 싶습니다. 혹시 그라시아스합창단을 보내줄 수 있습니까?"

제가 합창단 단장에게 이야기하여, 단장이 합창단원을 다 보내지는 못하고 몇 사람을 보냈습니다. 그때 저는 서울 잠실체육관에서 가진 집회에서 말씀을 전하고 있었습니다. 대사님이 저에게도 잠시 와 달라고 부탁해, 음악회를 7시에 시작하는데 6시 30분쯤 갔습니다. 대전도집회에 말씀을 전하러 강단에 8시 20분경에 올라가기 때문에 7시 30분까지 있다가 오면 충분하겠다고 생각했습니다.

대사관이 있는 건물의 10층에 갔더니, 대사님이 연락해서 9층으로 내려오라고 했습니다. 그 자리에는 페르난도 루고 대통령과 비서실장, 장관 두 분, 그리고 대사님까지 다섯 분이 있었습니다. 제가 대통령과 20분 정도 이야기했습니다. 그때는 복음을 전할 시간이 되지 않아서 우리가 청소년들을 위해 하고 있는 일들을 소개했습니다. 그리고 제가 쓴 '죄 사함 거듭남의 비밀' 설교집 스페인어 판을 한 권 선물했습니다. 이야기를 나누다가 음악회가 시작되었고, 저는 30분 뒤에 조용히 나와서 집회에 참석했습니다.

며칠 뒤 대통령께서 방문 일정을 마치고 파라과이로 돌아가는 비행기에서 비서실장에게 제가 준 책을 가져오라고 했습니다. 그런데 비서실장이 책을 챙기지 않아서 이튿날 아침에 대사 부인이 그 책을 들고 파라과이까지 갔습니다. 대통령께서 책을 읽으셨습니다. 그 후 파라과이 대통령실에서 저에게 연락을 했습니다.

"대통령께서 목사님을 한번 뵙고 싶어하십니다."

파라과이는 멀어서 시간을 내기 힘들어 '내년 2월에 파라과이에서 집회가 있는데 그때 가면 어떻겠느냐'고 이야기하여, 그때 만나기로 했습니다.

대통령께서 어느 순간 얼굴이 붉어지더니 감격스러워했다

이듬해 2월에 파라과이에 갔습니다. 대통령이 정식으로 초청했기 때문에 귀빈 대접을 받았습니다. 공항에 도착하자 대통령 수행원들이 비행기 안에 들어와서 다른 사람은 다 앉게 하고 저를 먼저 나가게 했습니다. 제가 귀빈실에서 차를 마시고 있는 동안 입국 수속도 다 밟아 주었고, 경찰의 에스코트를 받으며 호텔로 갔습니다. 그렇게 하지 않아도 괜찮은데 사복 경호원들이 24시간 저를 경호하고 밖으로 나가면 경찰이 에스코트했습니다.

대통령 면담 하루 전날 비서실장이 저에게 전화를 했습니다. 제가 면담 시간이 얼마나 되는지 묻자 40분이라고 했습니다. 40분 동안 할 이야기를 준비해야 했습니다. 중요한 것은 죄 사함의 복음을 전해야 했습니다. 대통령을 만나러 갈 때, 대통령께서 음악을 좋아하시니 그라시아스합창단 단원을 데리고 가야 했습니다. 합창단이 노래를 세 곡은 불러야 했습니다. 세 곡을 부르면 10분 정도 걸립니다. 그리고 일행이 열 명이 넘었기에 대통령을 만나서 인사하는 데에도 5분 정도 걸립니다. 그렇게 15분을 빼면 남은 시간이 25분이었습니다. 그 시간 안에 복음을 전해야 했습니다. '25분 안에 어떻게 죄 사함에 대한 이야기를 할까?' 밤늦게까지 할 이야기를 정리했습니다.

다음날 대통령궁으로 가기 전에 합창단 단원들에게 말했습니다.

"여러분은 대통령께 아무 이야기도 하지 마세요. 내가 대통령께 복음을 전해야 해요. 그런데 시간이 모자라요. 대통령께서 무엇을 물으면 '예, 아니오'로만 대답하세요."

실제로 대통령을 만나서 간단히 인사를 하고 나니 5분이 지나갔습니다. 이어서 합창단이 노래를 마치고 나니 정확히 25분이 남았습니다. 제가 복음을 전하려고 바로 성경을 펴서 사도행전 13장 22절을 읽었습니다.

"내가 이새의 아들 다윗을 만나니 내 마음에 합한 사람이라."

이 말씀을 읽은 뒤 이야기를 시작했습니다.

"먼저, 각하가 파라과이를 다스리는 동안 하나님께서 파라과이와 각하를 축복해 주시기를 바랍니다. 그런데 성경에 보면, 하나님이 사울을 왕으로 세웠다가 폐하셨다고 했습니다. 자기 길로 갔기 때문입니다. 하나님은 당신의 마음에 맞는 사람을 찾으셨습니다. 성경은 '이새의 아들 다윗을 만나니 내 마음에 합한 사람이라. 그로 내 뜻을 다 이루게 하리라'라고 이야기했습니다. 하나님이 찾으시는 사람은 어떤 사람이겠습니까? 정직한 사람? 남을 잘 섬기는 사람? 지혜로운 사람? 아닙니다. 하나님은 당신과 마음이 하나가 된 사람을 찾으십니다. 다윗은 하나님과 마음이 합한 사람이었기 때문에 하나님이 사울을 폐하고 다윗을 왕으로 삼으셨습니다.

대통령 각하, 각하가 다윗처럼 하나님과 마음을 같이하면 하나님이 이 나라를 복주시고 각하에게도 복을 주실 것입니다. 그렇다면 어떻게 하나님과 마음을 같이할 수 있습니까? 예수님이 십자가에 못박혀 우리 죄를 다 씻어서 성경에서 하나님이 우리를 보고 의롭다고 말씀하셨습니다. 우리도 '하나님, 제가 의롭습니다' 하고 하나님이 하신 말씀에 마음을 합하는 것입니다."

예수님이 우리 죄를 어떻게 씻으셨는지 대통령께 차근차근 이야기했습니다. 대통령께서 진지하게 말씀을 듣더니 어느 순간 얼굴이 붉어졌습니다. 내 손을 꽉 잡으며 정말 감격스러워하셨습니다. 성경에 기록된 하나님의 말씀대로 모든 죄가 씻어진 사실이 대통령의 마음에 임한 것입니다.

대통령과의 면담을 마치고 돌아오면서 우리는 정말 기뻤습니다. 한 나라의 대통령을 구원하신 하나님께 감사하고, 대통령이 구원받은 일을 바탕으로 복음이 파라과이에 더 힘있게 전해질 것을 생각하니 더욱 감사했습니다. 차를 타고 10분 정도 가고 있을 때 대통령 비서실장이 전화를 했습니다.

"대통령께서 오늘 IYF 캠프에 참석하겠다고 하셨습니다."

그날 저녁에는 캠프 프로그램 중 하나로 그라시아스합창단의 크리스마스 칸타타 공연이 있었습니다. 대통령께서 캠프에 참석해서 함께 시간을 보내고, 크리스마스 칸타타 공연도 보겠다고 하셨습니다. 함께 차를 타고 가던 사람들이 "와!" 하고 환호성을 질렀습니다. 5분쯤 지나 비서실장이 다시 전화를 했습니다.

"대통령께서 모든 장관들에게 오늘 IYF 캠프에 참석하라고 지시하셨습니다."

그날 저녁, 대통령과 나란히 앉아서 IYF 행사에 참석했습니다. 그날 이후 제가 대통령과 가까운 친구가 되었습니다. 놀라운 사실은, 대통령께서 그날 구원받은 뒤 나중에 기자들 앞에서 저를 만난 이야기를 하며, 죄를 사함 받아서 너무 감사하다고 하셨습니다. 제가 해마다 2월이면 파라과이에 갔는데 그때마다 대통령께서 저를 초대해 주셨습니다.

하나님이 저를 쓰길 원하셨습니다

그 뒤에 페르난도 루고 대통령이 암에 걸렸습니다. 파라과이에 대통령을 치료할 만한 병원이 없어서 브라질로 갔습니다. 그때 상원의원 한 분도 똑같은 암에 걸려서 두 사람이 같이 갔습니다. 브라질 대통령이 파라과이 대통령이 입원한 병원의 원장에게 전화해서 대통령을 잘 치료해 달라고 부탁했습니다. 그런데 대통령의 병세가 점점 악화되었습니다. 의사들이 치료를 위해 세 번 회의를 했는데, 마지막 회의 때 어느 여자 의사가 말했습니다.

"우리는 파라과이 대통령을 치료하는 데 실패했습니다. 대통령이 우리 병원에 올 때에는 발로 걸어서 들어왔는데 지금은 말도 하지 못하고 있습니다. 대통령을 치료하는 데 실패했는데도 우리는 여전히 같은 방법을 쓰고 있습니다. 계속 이 방법으로 치료하면 결국 대통령은 죽습니다. 우리 방법이 틀렸다는 사실을 이야기해주고 있는데 이제 방법을 바꾸어야 합니다."

의사들이 그 이야기에 공감해 "그럼 어떻게 해야 하냐?" 하고 의논했습니다. 그들이 생각하다가 "대통령이 오늘 병원에 처음 온 것처럼 다시 시작하자."라는 결론에 이르렀습니다. 대통령의 몸을 다시 검사하기 시작했습니다. 그리고 의사들이 전에 진단했던 암 외에 앞가슴에 있던 병을 발견해서 바로 수술했습니다. 다음날부터 대통령이 말을 하기 시작했습니다. 나중에 제가 루고 대통령을 만났을 때 대통령께서 셔츠의 단추를 풀더니 가슴에 있는 수술 자국을 보여 주었습니다.

당시 파라과이에서는 대통령이 죽으면 누가 후계자가 될 것인지 다투고 있었는데 대통령이 나아서 파라과이로 돌아갔습니다. 그리고 그날, 같이 브라질로 간 상원의원은 세상을 떠났습니다. 똑같은 병으로 똑같이 비행기를 타고 브라질로 갔는데, 같은 날 한 사람은 살아서 돌아오고 한 사람을 죽었습니다. 대통령께서 저에게 "하나님이 저를 쓰길 원하셨습니다."라고 말했습니다.

닥치는 어려움이 감사한 일을 이루는 조건으로 바뀌고

하나님은 우리와 함께하길 원하십니다. 누구든지 성경에 기록된 하나님의 말씀을 마음에 받아들이면 하나님과 한마음이 됩니다. 그러면 하나님이 그 사람을 통해서 역사하십니다. 저는 아무것도 아닌 인간인데, 내 생각을 버리고 하나님의 말씀을 하나하나 마음에 받아들였습니다. 내 생각이 어떠하든지 하나님의 말씀을 따르려고 했습니다. 그렇게 사는 동안 하나님이 나를 통해서 정말 많은 일을 하셨습니다.

아무것도 아닌 제가 복음을 힘있게 전할 수 있도록 많은 문을 열어 주셨습니다. 출판사를 세워서 책을 펴내게 하셨고, 방송국을 세워서 방송 설교를 하게 하셨으며, 복음 전도자를 길러내서 국내는 물론 해외 각 나라로 보낼 수 있게 하셨습니다. 우리가 전하는 복음을 듣고 셀 수 없이 많은 사람들이 구원받아 하나님의 품으로 돌아왔습니다. 제가 앞으로 얼마나 더 살지 모르지만 죽는 날까지 하나님과 마음을 함께하고 싶습니다. 하나님과 동행할 때 언제나 새롭고 놀라운 역사들이 일어나서 늘 기쁘고 감사합니다.

살다 보면 우리 인생에 많은 일들이 일어납니다. 어떤 때에는 어렵고 난처한 일이 생겨서 '왜 나에게 이런 일이 일어났지?'라는 생각이 들기도 합니다. 바울과 바나바가 처음 전도 여행을 떠나서 배를 타고 구브로 섬에 이르러 그 섬의 총독에게 복음을 전하게 되었을 때 얼마나 감사했겠습니까? 그런데 총독 옆에 있던 엘루마가 방해했을 때 얼마나 속이 상했겠습니까? 그러나 성령이 역사하셔서, 난처한 상황이 오히려 총독으로 하여금 복음을 믿을 수 있게 해주는 일이 되었습니다. 우리에게 닥치는 어려움들도 하나님이 역사하시면 그것이 오히려 감사한 일을 이루는 조건으로 바뀝니다. 하나님이 역사하시면 모든 것이 아름답게 변합니다. 그렇기 때문에 우리 앞에 어려운 일이 찾아올 때 실망하거나 낙심하지 말고 하나님을 의지하면 됩니다.

제가 구원받고 수십 년의 세월을 하나님과 동행했습니다. 매일 하나님께서 우리 안에서 행하시는 일들을 보았습니다. 그렇게 사는 동안 악하고 어리석은 제 생각들이 점점 물러가고, 하나님의 말씀이 마음에 점점 더 많이 더 깊이 자리를 잡았습니다. 세월이 흐를수록 하나님이 행하시는 일들이 더 놀랍고 영광스러워서 기쁨과 감사도 더 깊어졌습니다.

말씀이 마음에 들어와서 하나님의 마음과 하나가 되면

사도 바울이 바나바와 함께 처음 전도 여행을 떠나 구브로 섬에서 총독 서기오 바울에게 복음을 전해서 그가 구원받았을 때 얼마나 감사했겠습니까? 복음 전하는 것을 가로막으려고 하는 어려움도 만났지만 하나님이 역사하셔서 오히려 기쁨과 감사의 조건이 되었습니다. 그처럼 하나님이 역사하시는 것을 보는 것이 얼마나 감사하고 놀라운 일인지 모릅니다.

하나님을 믿는 것은, 하나님의 말씀을 받아들여서 우리 마음이 하나님의 마음과 하나가 되는 것입니다. 누구든지 말씀이 마음에 들어와서 그 사람의 마음이 하나님의 마음과 하나가 되면 그의 생애에 하나님이 놀랍게 일하십니다. 여러분이 말씀을 마음에 받아들여 보십시오. 하나님이 놀랍게 일하시는 것을 분명히 볼 것입니다. 다윗이 그랬고, 베드로가 그랬고, 사도 바울이 그랬습니다. 저도 그 길을 걸었을 때 하나님이 역사하시는 것을 수없이 보았습니다.

22강

온 성 사람들이 모인 비시디아 안디옥

"바울과 및 동행하는 사람들이 바보에서 배 타고 밤빌리아에 있는 버가에 이르니 요한은 저희에게서 떠나 예루살렘으로 돌아가고 저희는 버가로부터 지나 비시디아 안디옥에 이르러 안식일에 회당에 들어가 앉으니라. 율법과 선지자의 글을 읽은 후에 회당장들이 사람을 보내어 물어 가로되 '형제들아, 만일 백성을 권할 말이 있거든 말하라' 하니, 바울이 일어나 손짓하며 말하되, 이스라엘 사람들과 및 하나님을 경외하는 사람들아 들으라. … 저희가 왕을 구하거늘 하나님이 베냐민 지파 사람 기스의 아들 사울을 사십 년 간 주셨다가 폐하시고, 다윗을 왕으로 세우시고 증거하여 가라사대 '내가 이새의 아들 다윗을 만나니 내 마음에 합한 사람이라. 내 뜻을 다 이루게 하리라' 하시더니, 하나님이 약속하신 대로 이 사람의 씨에서 이스라엘

을 위하여 구주를 세우셨으니 곧 예수라. … 그러므로 형제들아, 너희가 알 것은 이 사람을 힘입어 죄 사함을 너희에게 전하는 이것이며, 또 모세의 율법으로 너희가 의롭다 하심을 얻지 못하던 모든 일에도 이 사람을 힘입어 믿는 자마다 의롭다 하심을 얻는 이것이라."(행 13:13~39)

사도행전에 안디옥이라는 도시가 두 곳 나옵니다. 한 곳은 수리아 지방에 있는 안디옥으로, 바울의 고향인 다소와 가까운 곳에 있었습니다. 환난을 피해서 예루살렘을 떠난 성도들이 안디옥에서 이방인에게 복음을 전해서 많은 사람이 구원받자, 예루살렘 교회에서 바나바를 안디옥으로 보내서 그들을 인도하게 했습니다. 바나바가 안디옥에서 성도들을 인도하다가 다소에 있던 바울을 찾아가 안디옥으로 데리고 와서 함께 성도들을 가르쳤습니다. 그 후 성령의 인도로 두 사람이 보냄을 받아 전도 여행을 떠났습니다. 다른 한 곳은 비시디아 지방에 있는 안디옥이었습니다.

비시디아 안디옥에 이르러 안식일에 유대인 회당에 들어가서

바울과 바나바가 첫 번째 전도 여행을 떠나 구브로(키프로스) 섬에서 서기오 바울 총독에게 복음을 전한 뒤, 구브로의 수도인 '바보'에서 배를 타고 소아시아 밤빌리아 지방의 '버가'에 이르렀습니다. 동행하던 마가 요한은 그곳에서 두 사람을 떠나 예루살렘으로 돌아갔습니다. 바울과 바나바는 육지로 올라가서 비시디아 지방의 '안디옥'에 이르렀습니다.

바울과 바나바가 비시디아 안디옥에 이르러 안식일에 그곳에 있는 유대인 회당에 들어가서 앉았습니다. 안식일을 맞아 회당에 모인 사람들이 율법과 선지자들의 글을 읽은 뒤, 회당을 인도하는 사람들이 바울과 바나바에게 사람을 보내 "형제들아, 만일 모인 사람들에게 권할 말이 있거든 이야기하라." 했습니다. 그러자 바울이 일어나서 손짓하며 "이스라엘 사람들과 및 하나님을 경외하는 사람들아 들으라." 하며 이야기를 시작했습니다.

하나님이 이스라엘 백성을 애굽에서 가나안으로 인도하신 이야기, 사사 시대 이야기, 이스라엘 백성들이 왕을 구하여 하나님이 사울을 왕으로 세우셨다가 폐하시고 다윗을 왕으로 세우신 이야기, 그리고 약속하신 대로 하나님이 다윗의 씨에서 이스라엘을 구원할 구주를 세우셨으니 곧 예수님이라는 사실을 이야기했습니다. 이어서 예수님의 죽음과 부활에 관하여 이야기했습니다.

"형제들, 아브라함의 후예와 너희 중 하나님을 경외하는 사람들아, 이 구원의 말씀을 우리에게 보내셨거늘 예루살렘에 사는 자들과 저희 관원들이 예수와 및 안식일마다 외우는바 선지자들의 말을 알지 못하므로 예수를 정죄하여 선지자들의 말을 응하게 하였도다. 죽일 죄를 하나도 찾지 못하였으나 빌라도에게 죽여 달라 하였으니, 성경에 저를 가리켜 기록한 말씀을 다 응하게 한 것이라. 후에 나무에서 내려다가 무덤에 두었으나 하나님이 죽은 자 가운데서 저를 살리신지라. 갈릴리로부터 예루살렘에 함께 올라간 사람들에게 여러 날 보이셨으니, 저희가 이제 백성 앞에 그의 증인이라."(행 13:26~31)

이어서 구원의 복음을 전했습니다.

“그러므로 형제들아, 너희가 알 것은 이 사람을 힘입어 죄 사함을 너희에게 전하는 이것이며, 또 모세의 율법으로 너희가 의롭다 하심을 얻지 못하던 모든 일에도 이 사람을 힘입어 믿는 자마다 의롭다 하심을 얻는 이것이라.”(행 13:38~39)

바울과 바나바가 이야기를 마치고 회당에서 나가자 사람들이 다음 안식일에도 와서 이 이야기를 전해 달라고 부탁했습니다. 모임을 마치고는 많은 유대인과 유대교에 입교한 이방인들이 바울과 바나바를 좇았습니다.

다음 안식일에 바울과 바나바가 회당에 갔을 때 놀라운 일이 벌어졌습니다.

“그 다음 안식일에는 온 성이 거의 다 하나님 말씀을 듣고자 하여 모이니”(행 13:44)

하나님이 역사하셔서 안디옥 사람들이 거의 다 바울이 전하는 말씀을 들으려고 모였습니다. 바울과 바나바가 얼마나 감격스러웠겠습니까! 수많은 성 사람들이 바울과 바나바가 전하는 말씀을 듣기 위해 모인 것을 유대인들이 보고 시기가 가득해, 바울이 한 이야기를 반박하고 비방했습니다. 이에 바울과 바나바가 담대히 말했습니다.

“하나님의 말씀을 마땅히 먼저 너희에게 전할 것이로되, 너희가 버리고 영생 얻음에 합당치 않은 자로 자처하기로 우리가 이방인에게로 향하노라.”

그 자리에 모인 이방인들이 그 이야기를 듣고 기뻐했고, 많은 사람이 말씀을 믿고 구원받았습니다.

선교사를 보낼 수 있는 데까지 보내기 시작했다

안디옥 교회에서 성도들을 가르치던 바울과 바나바를 따로 세워서 전도 여행을 떠나도록 성령이 인도하셨고, 그들이 구브로 섬을 거쳐 비시디아 안디옥에 이르러 복음을 전했을 때 많은 사람들이 구원받는 역사를 하나님이 이루셨습니다. 오늘날도 우리가 하나님의 인도를 좇아 행할 때 놀라운 복음의 역사들이 이루어집니다. 제가 구원받고 복음을 전하려는 마음을 가졌을 때 하나님이 끊임없이 복음의 문을 여셨습니다.

1988년에 서울에서 올림픽이 열렸습니다. 당시 올림픽 모토가 '세계는 서울로 서울은 세계로'였습니다. 그 모토대로 전 세계인이 서울에 모여서 올림픽을 했습니다. 그런데 '서울은 세계로'가 안 되었습니다. 당시 한국은 많이 가난해서 국민들에게 여권을 발급해주지 않아 세계로 나갈 수 없었습니다. 국민들이 여권을 가지면 외국에 가서 돈을 허비한다고 여권 발급을 제한해, 외교관이나 큰 기업의 회장들만 여권을 가질 수 있었습니다. 서울 올림픽 후 정부에서 '서울은 세계로'를 실천하기 위해 1989년부터 나이가 45세 이상인 국민에게 여권을 발급해 주었습니다.

마침 제가 45세를 넘어 여권을 발급받을 수 있었습니다. 그해 봄에 미국 LA에 가서 전도 집회를 가지며 복음을 전했습니다. 가을에는 독일 베를린에 가서 전도 집회를 열어 복음을 전했습니다. 그 후로 선교사들을 보내기 시작했습니다. 당시 우리 선교회는 전국에 교회가 30개 정도 있고 사역자도 30명 정도였습니다. 그렇지만 선교사를 보낼 수 있는 데까지 해외로 보내기 시작했습니다.

케냐에 남아 복음을 전하고 싶은 마음이 강하게 휘어잡았다

1989년에 선교를 시작해서 1994년에는 아프리카에 첫 선교사를 보냈습니다. 1993년에는 제가 대전에서 복음을 전하고 있었습니다. 그때 대전에서 엑스포가 열렸습니다. 하루는 우리 교회 청년들이 저를 찾아와서 말했습니다.

"목사님 엑스포를 하면 해외에서 많은 사람들이 오니 영어로 전도지를 만들어서 그 사람들에게 전도하고 싶습니다."

그렇게 하라고 했습니다. 그 후 형제들이 매일 엑스포가 열리는 곳에 가서 세계 여러 나라에서 온 사람들에게 복음을 전했습니다. 특별히 케냐 사람들과 가까워졌습니다. 하루는 한 청년 형제가 저에게 이렇게 말했습니다.

"목사님 엑스포에 온 케냐 사람들이 너무 불쌍합니다."

"왜?"

"한국의 음식값이 비싸서 케냐 사람들은 밥을 사먹지 못합니다. 매일 라면이나 고구마로 끼니를 때웁니다."

"그래?"

형제의 이야기를 듣고 제가 제 아내한테 말했습니다.

"여보, 엑스포에 온 케냐 사람들이 제대로 먹지 못해서 고생이 많다는데 우리 집에 초대해서 식사를 한번 대접합시다."

아내가 그렇게 하면 좋겠다고 했습니다. 며칠 뒤, 케냐 사람들을 초대해 20명이 우리 집에 왔습니다. 케냐에서는 닭고기가 굉장히 비싸다는 이야기를 듣고 닭고기도 많이 준비하고 다른 음식들도 푸짐하게 준비했습니다. 그들이 저녁 늦게까지 음식을 맛있게 먹으며 즐거

워했습니다. 음식을 먹은 뒤 케냐 사람들이 말했습니다.

"목사님, 케냐에서는 식사에 초대를 받으면 선물을 사가지고 갑니다. 그런데 저희가 선물을 준비하지 못했습니다. 대신 케냐 노래를 불러 드리겠습니다."

한국 사람은 조용히 서서 노래를 부르지만 케냐 사람들은 춤을 추며 노래를 불렀습니다. 너무 흥겹고 재미있었습니다. 제가 그들에게 물었습니다.

"여러분은 한국에서 제일 하고 싶은 것이 뭡니까?"

"목사님, 우리가 한국에 왔지만 늘 엑스포 장소에만 있어서 한국에 온 것이 느껴지지 않습니다. 어디든 한국을 여행하고 싶습니다."

"그래요? 내가 일주일에 한 번씩 지방에 가서 예배를 드리는데, 승용차에 내 아내와 둘이 타고 갑니다. 뒷자리에 두세 명 탈 수 있는데 같이 갈래요?"

그들이 너무 좋다고 했습니다.

그 후로 주일마다 지방 교회에 저녁 예배를 드리러 갈 때면 케냐 사람들 두세 명을 태워서 함께 갔습니다. 부산에도 가고, 대구에도 가고, 여러 도시를 갔습니다. 함께 다니면서 재미있는 일도 많았습니다. 한번은 목포에 갔는데 사람들이 산 낙지를 먹는 것을 보고 함께 간 케냐 사람들이 기겁을 했습니다.

엑스포 기간에, 엑스포에 참석한 나라들을 매일 한 나라씩 정해서 그 나라의 날 행사가 열렸습니다. 각국의 날 행사가 언제 열리는지 미리 공지되어 있어서 나라마다 자기 나라의 날 행사를 준비했습니다. '케냐의 날' 행사를 앞두고는 케냐에서 상공부 장관이 입국했습니다.

장관님이 엑스포 장소에 있는 케냐 사람들을 만났을 때 그들이 "장관님, 박옥수 목사님을 만나 주세요. 목사님과 주위 분들은 케냐를 무척 사랑하는 분들이에요."라고 말했습니다.

상공부 장관님이 저에게 전화를 했습니다. 감사하다는 인사를 하러 저녁에 찾아오겠다고 했습니다. 제가 저녁 식사는 어떻게 하느냐고 물은 뒤 우리가 준비하면 어떻겠느냐고 이야기했습니다. 장관님이 그렇게 해주면 고맙겠다고 해서 마음을 쏟아서 저녁을 준비했습니다. 그날 장관님과 수행원 등 20명쯤 와서 저녁을 맛있게 먹고 함께 즐거운 시간을 가졌습니다. 장관님이 돌아갈 때 제가 쓴 설교집 가운데 영어로 된 'Only by Jesus' Works'라는 책을 드렸습니다. 장관님이 여러 부분으로 정말 고맙다고 하며 떠나갔습니다.

엑스포가 1993년에 열렸고, 1994년에 상공부 장관님이 저를 케냐로 초청했습니다. 케냐의 수도 나이로비에 있는 '야요 스타디움'이라는 큰 야외 운동장에서 대규모 기독교 집회가 열리는데, 저를 강사 가운데 한 사람으로 초청한 것입니다. 제가 집회에 참석한 케냐 사람들에게 두 시간 말씀을 전할 수 있었습니다.

1994년 8월 8일 저녁 9시 15분, 우리 일행을 태운 항공기가 브뤼셀을 떠나 우간다의 엔테베 공항을 거쳐 케냐 나이로비 공항에 도착했습니다. 제가 처음으로 발을 내딛는 아프리카 땅이었습니다. 어두컴컴한 공항에서 짐을 찾아 수속을 마치고 공항을 빠져나와서, 대전 엑스포에 참석해서 알고 지내던 도로시와 뎃소를 쉽게 만날 수 있었습니다. 그들이 우리를 반갑게 맞아 주었습니다. 차에 우리를 태우고 미리 준비한 숙소로 데려다 주었습니다. 그날 저녁, 저는 처음으로 아프리카 땅에서 무릎을 꿇고 하나님께 기도를 드렸습니다.

"주님, 지난 수 년 동안 제가 주님을 섬긴 게 아니라 주님께서 저를 섬기셨습니다. 아무짝에도 쓸모없고 정말 더럽고 추하며 악한 인간인 저를 주님이 성실하게 돌보아 주고 이끌어 주고 섬기셔서 복음 전도자가 될 수 있었습니다. 그리고 아프리카 땅까지 올 수 있었습니다. 주님, 정말 제가 주님을 섬긴 것이 아니라 주님께서 저를 섬기셨는데, 이제 저도 주님을 섬기고 싶습니다. 저는 아프리카에 있는 사람들을 위해 일하고 싶습니다. 제가 아프리카 땅에서 주님을 섬길 수 있는 기회를 허락해 주십시오."

아프리카에서 첫날을 보내고, 이튿날 도로시와 뎃소 자매의 안내를 받아 야요 스타디움으로 갔습니다. 운동장에는 로열박스를 제외하고는 그늘이 전혀 없었습니다. 3천 명이나 되는 케냐 사람들이 햇볕에 앉아서 말씀을 듣고 있었습니다. 한 목사님이 나와서 영어로 설교하면 통역자가 스와힐리어로 통역했습니다. 사람들이 간절하고 진지하게 말씀을 듣고 있어서, 그들에게 복음을 전해주고 싶은 열망이 내 안에서 솟구쳐 올라오는 것을 억제할 수 없었습니다.

외형적으로는 신앙이 뜨거운 그리스도인들처럼 보이지만 마음에서 죄를 해결하지 못해 고통하고 있는 모습이 안타까웠습니다. 그들의 모습을 보며, 하나님이 케냐 사람들을 사랑하시며 그들에게 복음을 전하길 원하셔서 그 일을 우리에게 맡기셨다는 마음이 강하게 들었습니다. 케냐 사람들을 구원으로 인도할 하나님을 생각하며 마음이 뜨거웠습니다.

집회를 주최한 사람들을 찾아가서 한국에서 온 박옥수 목사라고 알리자 반갑게 맞아 주었습니다. 가슴에 명찰을 달아 주고 내가 말씀을 전할 시간표를 정해 주면서 '이 시간과 이 시간에 말씀을 전하라'고 이야기했습니다. 다른 강사들이 설교할 때 저는 로열박스에 앉아서 지켜보았습니다. 남루한 옷을 입고 신발도 제대로 신지 않은 많은 사람들이, 헌금을 해야 하나님의 축복을 받는다는 설교를 듣고 헌금하는 광경을 보면서 마음이 아팠습니다. 그들에게 우리를 위해 죽어 주신 예수님의 사랑과 은혜를 전해주고 싶었습니다. 우리 모든 죄가 예수님이 흘리신 피로 씻어져서 우리가 값 없이 하늘의 축복을 받을 수 있다는 사실을 이야기해주고 싶었습니다. 제가 말씀을 전할 시간이 되어, 모인 사람들에게 예수님이 흘리신 피로 우리 죄가 다 씻어졌다는 복음을 힘을 다해 외쳤습니다.

저는 복음을 전하기 위해 여러 나라를 가보았습니다. 어느 나라에 갔을 때나 거기에 남아 그 민족을 위해서 복음을 전하며 살고 싶은 마음이 일어났습니다. 아프리카에서는 더더욱 그랬습니다. 한국에 돌아오고 싶은 마음이 없었습니다. 거기 남아서 복음을 전하며 살고 싶은 마음이 저를 강하게 휘어잡았습니다. 한국에 있는 많은 일들을 생각하면 돌아오지 않을 수 없었지만, 그래도 한국으로 돌아오면서 '내가 무엇 때문에 한국에 다시 가야 하는가?'라는 생각이 들었습니다.

한국에 가서 빨리 일들을 정리하고 케냐로 돌아가고 싶었지만 일을 정리하지 못해서 결국 한국에 남았습니다. 제가 갈 수 없어서 두 명의 선교사를 케냐로 보냈습니다.

이듬해인 1995년에는 케냐를 다시 방문한 뒤, 서부 아프리카에 있는 가나도 방문했습니다. 케냐를 처음 방문할 때 독일에 잠시 머물렀다 갔는데, 독일에 머무는 동안 가나 사람들이 모인 교회에 가서 말씀을 전했습니다. 그 자리에 있었던 '사무엘' 형제가 제가 케냐에 간다는 소식을 듣고 저에게 전화해서 "목사님, 케냐에 가시는 길에 가나에도 가십시오."라고 부탁했습니다. 제가 바빠서 못 간다고 이야기했습니다. 얼마 후 형제가 다시 전화해서 가나에 가 달라고 부탁했습니다. 그때도, 미안한데 시간이 없어서 갈 수 없다고 했습니다. 그런데 형제가 다시 전화를 했습니다. 세 번째 전화를 받고 가나에 가야겠다는 생각이 들었습니다.

"목사님, 케냐보다 가나가 복음 전하기 훨씬 좋은 나라입니다."

케냐 방문을 마치고 가나로 가서 일주일 동안 많은 사람들에게 복음을 전했습니다. 복음을 들은 사람들이 대부분 구원을 받았습니다. 가나 사람들이 구원받는 모습을 보면서 얼마나 마음이 뜨겁고 기쁘고 감사했는지 모릅니다.

그렇게 아프리카에 복음을 전하는 선교가 시작되었습니다. 지금은 대부분의 아프리카 국가들에 선교사를 보내서 힘있게 복음을 전하고 있습니다. 나라마다 현지인 복음 전도자들이 많이 세워지고 교회들도 많이 세워졌습니다. 구원받은 성도들도 얼마나 많아졌는지 모릅니다. 하나님이 이 일을 시작하셨고, 이루셨습니다.

계속 동행했다면, 놀라운 일을 보며 얼마나 감사했겠는가!

복음이 전해지는 곳에는 항상 방해와 핍박이 뒤따릅니다. 사람들이 복음을 듣고 구원받는 것을 사탄이 그냥 두지 않고 방해합니다.

"주의 말씀이 그 지방에 두루 퍼지니라. 이에 유대인들이 경건한 귀부인들과 그 성내 유력자들을 선동하여 바울과 바나바를 핍박케 하여 그 지경에서 쫓아내니, 두 사람이 저희를 향하여 발에 티끌을 떨어 버리고 이고니온으로 가거늘"(행 13:49~51)

복음을 전할 때 어려움이 찾아와도 하나님이 이기게 하시기 때문에 아무 문제가 안 됩니다. 안타까운 사실은, 하나님이 우리를 도우시는 것을 모르고 어려움 앞에서 복음 전하는 일을 포기하는 사람들이 있습니다.

바울과 바나바가 구브로 섬에서 복음을 전한 뒤 배를 타고 밤빌리아 지방의 버가에 이르렀을 때, 동행했던 마가 요한이 두 사람을 떠나 예루살렘으로 돌아갔습니다.

"바울과 및 동행하는 사람들이 바보에서 배 타고 밤빌리아에 있는 버가에 이르니 요한은 저희에게서 떠나 예루살렘으로 돌아가고"(행 13:13)

마가 요한은 바나바의 누나의 아들이었습니다. 예수님의 제자들이 성령이 임하기 전에 '마가 다락방'에 모여 있었고, 베드로가 옥에 갇혔을 때에도 성도들이 마가 다락방에 모여서 기도했습니다. 마가 요한은 부잣집 아들로 살았기 때문에 전도 여행을 하면서 겪는 어려움과 불편을 견디기 어려웠던 것 같습니다. 그가 바울과 바나바와 함께 동행했다면 성령이 놀랍게 역사하시는 일들을 함께 보면서 얼마나 기쁘고 감사했겠습니까! 그러나 마가 요한은 육신이 겪는 어려움을 이겨내지 못하고 전도 여행 도중에 돌아가고 말았습니다.

마가 요한이 어떤 이유로 도중에 떠났는지 성경에 기록되어 있지는 않지만, 힘들어서 떠났다는 사실을 그 뒤에 나오는 이야기에서 미루어 알 수 있습니다. 바울과 바나바가 1차 전도 여행을 마치고 안디옥으로 돌아와서 교회를 인도하다가, 사도행전 15장에서 2차 전도 여행을 떠나는 이야기가 나옵니다.

"수일 후에 바울이 바나바더러 말하되 '우리가 주의 말씀을 전한 각 성으로 다시 가서 형제들이 어떠한가 방문하자' 하니"(행 15:36)

그때 바나바가 마가 요한도 데리고 가자고 했지만, 바울은 밤빌리아에서 자신들을 떠난 사람을 데리고 가는 것이 옳지 않다고 했습니다. 그 일로 두 사람이 심히 다투고, 결국 갈라서서 바나바는 마가를 데리고 구브로로 가고 바울은 실라와 함께 소아시아 지역으로 떠났습니다. 마가 요한에 대한 사도 바울의 강경한 태도를 볼 때, 그가 작은 어려움도 이겨내지 못하고 떠났다는 사실을 짐작할 수 있습니다.

복음을 위해서 일할 때 우리가 어떤 마음을 갖느냐가 정말 중요합니다. 사탄은 우리 안에 생각을 끊임없이 넣어 줍니다. 어렵고 힘든 상황을 부각시켜서 하나님의 역사를 생각하지 못하게 만듭니다. 우리가 복음을 전하는 동안 평안하지만 않습니다. 낮과 밤이 있는 것처럼 기쁘고 행복한 일도 있고 힘들고 어려운 일도 있습니다. 사탄은 우리 눈을 어렵고 힘든 것만 보게 만들어서 밤이 계속될 것처럼 속입니다. 그러나 하나님이 역사하셔서 모든 것을 낮처럼 밝게 하십니다. 기쁘고 감사하고 영광스럽게 하십니다. 그렇기 때문에 우리 마음이 어려움에 빠져서 지내야 하는 것이 아니라 하나님이 역사하신다는 사실에 젖어서 지내야 합니다.

23강

부딪치는 두 세계

"저희가 나갈새 사람들이 청하되 '다음 안식일에도 이 말씀을 하라' 하더라. 폐회한 후에 유대인과 유대교에 입교한 경건한 사람들이 많이 바울과 바나바를 좇으니 두 사도가 더불어 말하고 항상 하나님의 은혜 가운데 있으라 권하니라. 그 다음 안식일에는 온 성이 거의 다 하나님 말씀을 듣고자 하여 모이니, 유대인들이 그 무리를 보고 시기가 가득하여 바울의 말한 것을 변박하고 비방하거늘 바울과 바나바가 담대히 말하여 가로되 '하나님의 말씀을 마땅히 먼저 너희에게 전할 것이로되 너희가 버리고 영생 얻음에 합당치 않은 자로 자처하기로 우리가 이방인에게로 향하노라. 주께서 이같이 우리를 명하시되, 내가 너를 이방의 빛을 삼아 너로 땅 끝까지 구원하게 하리라 하셨느니라' 하니, 이방인들이 듣고 기뻐하여 하나님의 말씀을 찬송하며 영

생을 주시기로 작정된 자는 다 믿더라. 주의 말씀이 그 지방에 두루 퍼지니라. 이에 유대인들이 경건한 귀부인들과 그 성내 유력자들을 선동하여 바울과 바나바를 핍박케 하여 그 지경에서 쫓아내니 두 사람이 저희를 향하여 발에 티끌을 떨어버리고 이고니온으로 가거늘, 제자들은 기쁨과 성령이 충만하니라."(행 13:42~52)

복음이 전해지면 항상 두 가지 반응이 나타난다

바울과 바나바가 비시디아 지방의 안디옥에 이르러 안식일에 회당에 들어가서 거기 모인 유대인들과 유대교에 입교한 사람들에게 복음을 전했습니다. 유대인들은 어느 곳에서 살든지 그곳에 회당을 지었습니다. 회당에 모여서 구약 성경을 읽고, 성경 내용을 강론하기도 했습니다. 안식일에는 회당에 모여서 시간을 보냈습니다.

어느 안식일에 사람들이 회당에 모여서 보니 바울과 바나바가 있었습니다. 그들이 율법과 선지자들의 글을 읽은 뒤, 처음 온 두 사람에게 "만일 사람들에게 권할 말이 있거든 말하라." 했습니다. 그러자 바울이 일어나서 이스라엘의 역사를 간략하게 이야기하며 하나님의 약속대로 그리스도가 오신 것, 그리스도이신 예수님의 죽음과 부활, 그리고 예수님을 힘입어 죄 사함을 받아 의롭다 하심을 얻는 것을 이야기했습니다.

바울이 전하는 이야기를 들은 사람들이 다음 안식일에도 회당에 와서 말씀을 전해 달라고 부탁했습니다. 하나님이 놀랍게 역사하셔서 다음 안식일에는 안디옥에 사는 사람들이 거의 다 말씀을 들으려고 모였습니다. 그 많은 이방인들이 복음을 듣고 예수님을 믿어 구원 받을 것을 생각하면 바울과 바나바가 말할 수 없이 감격스러웠을 것입니다.

복음이 전해지면 항상 두 가지 반응이 나타납니다. 기뻐하는 사람과 대적하는 사람이 생깁니다. 그것은 어느 시대든지 어느 곳에서든지 똑같습니다. 비시디아 안디옥에 살던 수많은 사람들이 바울이 전하는 말씀을 들으려고 모이는 놀라운 일이 일어났습니다. 반대로, 유대인들은 그것을 보고 시기가 가득해서 바울이 말한 것을 반박하고 비방했습니다. 그날 수많은 이방인이 구원을 받았고 복음이 그 지방에 두루 퍼졌습니다. 그러자 유대인들이 귀부인들과 안디옥의 유력자들을 선동해서 바울과 바나바를 핍박하게 하여 그곳에서 쫓아냈습니다.

이스라엘의 두 왕, 사울과 다윗

우리는 성경 곳곳에서 두 세계가 부딪치는 것을 봅니다. 바울이 비시디아 안디옥의 회당에서 안식일에 사람들에게 이야기한 내용 가운데 사울과 다윗이 나옵니다.

"그 후에 저희가 왕을 구하거늘 하나님이 베냐민 지파 사람 기스의 아들 사울을 사십 년간 주셨다가 폐하시고, 다윗을 왕으로 세우시고 증거하여 가라사대 '내가 이새의 아들 다윗을 만나니 내 마음에 합한 사람이라. 내 뜻을 다 이루게 하리라' 하시더니"(행 13:21~22)

사울과 다윗은 둘 다 이스라엘의 왕이었지만, 사울은 수단과 방법을 가리지 않고 다윗을 죽이려고 했습니다. 사울이 죽이려고 한 다윗은 하나님과 마음이 합해진 사람이었습니다. 사울은 왜 그처럼 잘못된 길을 걸었습니까?

사사 시대를 지나 이스라엘 백성이 하나님께 왕을 구했을 때 하나님이 처음 왕으로 세운 사람이 사울이었습니다. 그런데 사울이 하나님을 거스려 하나님께서 그를 폐하시고 두 번째 왕으로 다윗을 세우셨습니다. 다윗에 관하여는 "내가 이새의 아들 다윗을 만나니 내 마음에 합한 사람이라. 내 뜻을 다 이루게 하리라."라고 하셨습니다.

사울도 하나님이 택하신 이스라엘 사람이었고, 다윗도 이스라엘 사람이었습니다. 사울도 이스라엘 왕으로 대적들과 전쟁을 했고, 다윗도 전쟁을 했습니다. 사무엘상 14장에 보면, 사울이 왕이 된 뒤 사방에 있는 대적과 싸워 모든 싸움에서 이겼다고 했습니다.

"사울이 이스라엘 왕위에 나아간 후에 사방에 있는 모든 대적, 곧 모압과 암몬 자손과 에돔과 소바의 왕들과 블레셋 사람을 쳤는데 향하는 곳마다 이기었고"(삼상 14:47)

사울이 이스라엘의 왕으로 이처럼 힘있게 지냈는데 하나님께서 왜 그를 폐하셨습니까?

사무엘상 15장에서, 하나님이 사울 왕에게 아말렉을 진멸하라고 하셨습니다. 아무것도 남기지 말고 다 죽이라고 하셨습니다. 그런데 사울이 아말렉을 친 뒤, 하나님이 말씀하신 대로 한 것이 아니라 자기 보기에 좋은 대로 행했습니다. 아말렉 왕 아각을 '이 사람은 살려두면 써먹을 데가 있겠다' 하고 죽이지 않았습니다. 양과 소도 실한 것과 기름진 것 등 자기 보기에 좋은 것은 남기고 가치 없는 것들만 진멸했습니다.

사울 왕은 겉으로는 하나님의 말씀을 따르는 것 같았지만 실제로는 말씀을 무시하고 자기 생각을 따랐습니다. 그러면서도 자신이 하나님께 순종하는 사람인 것처럼 행동했습니다. 사무엘이 사울 왕에게 찾아갔을 때 그가 이렇게 말했습니다.

"사무엘이 사울에게 이른즉 사울이 그에게 이르되, 원컨대 당신은 여호와께 복을 받으소서. 내가 여호와의 명령을 행하였나이다."(삼상 15:13)

사무엘이 "그러면 내 귀에 들리는 양의 소리와 소의 소리는 어찜이니이까?"라고 묻자, 사울 왕이 "그것은 백성이 여호와께 제사하려 하여 양과 소의 가장 좋은 것을 남김이요, 그 외의 것은 우리가 진멸하였나이다."라고 했습니다. 아말렉을 진멸하라는 하나님의 말씀을 버렸으면서도 사울 왕은 자신이 하나님의 말씀대로 행했고, 나아가 더 적절하게 행했다고 생각했습니다.

신앙은 하나님의 말씀을 믿는 것입니다. 그렇게 하기 위해서 자신을 부인하고 말씀을 그대로 받아들여야 합니다. 마태복음 16장 24절에서 예수님이 "아무든지 나를 따라오려거든 자기를 부인하고 자기 십자가를 지고 나를 좇을 것이니라."라고 말씀하셨습니다. 자신을 부인하지 않고 자기 생각을 남겨두면, 사탄이 그 속에 온갖 생각을 넣어서 결국 하나님을 거스르는 자로 만듭니다. 누가 하나님을 거스르느냐면, 하나님을 믿고 하나님의 말씀에 순종한다고 하는 사람들이 그렇게 합니다.

사울 왕이 그 길을 걸었습니다. 그는 하나님의 말씀을 버리고 자기 생각을 따랐고, 하나님이 그를 버리고 다윗에게 기름을 부어 왕으로 세우시자 어떻게든 다윗을 죽이려고 했습니다.

그런 일은 사울과 다윗 시대에만 일어난 것이 아니라 사도행전 시대에도 일어났습니다. 사도 바울이 성령의 인도를 좇아서 복음을 전하자, 하나님을 믿는다고 하는 유대인들이 바울과 바나바를 대적하고 복음을 전하지 못하게 쫓아냈습니다. 그들이 그렇게 행했던 것은 자기 생각을 놔둔 채로 하나님을 믿으려고 했기 때문입니다. 그런 사람들은 결국 하나님의 말씀을 받아들이지 못합니다. 오히려 반박하고 비방하고 대적하는 일을 합니다.

성경에 기록된 대로 "내가 의롭다" 하면 이단이라고 생각한다

이런 일은 오늘날도 여전히 일어나고 있습니다. 하나님을 믿는다고 하는 사람들이 복음을 반박하고, 복음 전하는 사람들을 비방합니다. 그런 사람들은 성경 말씀을 그대로 믿는 것이 아닙니다. 말씀을 자신이 보기에 좋게 이해하고 해석한 뒤, 자신이 해석한 대로 믿습니다. 성경 말씀과 다른 길을 가고 있으면서도 자신은 하나님을 잘 믿고 있다고 생각합니다. 그래서 말씀을 그대로 믿는 사람을 만나면 아주 잘못되었다고 여겨 반박하고 비방합니다.

모든 사람이 죄를 지었고, 예수님이 십자가에 못박혀 죽으심으로 사람이 지은 모든 죄를 씻으셨습니다. 그래서 하나님이 우리를 보고 '의롭다' 하셨습니다.

"모든 사람이 죄를 범하였으매 하나님의 영광에 이르지 못하더니, 그리스도 예수 안에 있는 구속으로 말미암아 하나님의 은혜로 값 없이 의롭다 하심을 얻은 자 되었느니라."(롬 3:23~24)

그런데 오늘날 아주 많은 교회에서 사람들이 예수님을 믿는다고 말하면서도 자신이 죄인이라고 합니다. 죄인이라고 말하는 것이 겸손한 줄 알고, 죄인이기 때문에 늘 죄를 용서해 달라고 기도하는 것이 올바른 신앙인 줄 압니다. 만약 어떤 사람이 성경에 기록된 대로 "내가 의롭다."라고 말하면, 그 사람은 교만하기 이를 데 없는 이단이라고 생각합니다.

구원받은 성도도 자기 생각을 버리지 못하면 잘못된 길로 흘러갑니다. 하나님도 믿고 자기도 믿는 사람은 결국 어긋난 길로 갈 수밖에 없습니다. 구원받은 많은 사람이 하나님의 말씀도 듣고 자기 생각도 듣기 때문에 올바른 신앙의 길을 가지 못합니다. 누구든지 하나님을 믿으려면 자기 생각을 버려야 합니다. 이사야 성경에서 이렇게 말했습니다.

"여호와의 말씀에, 내 생각은 너희 생각과 다르며 내 길은 너희 길과 달라서 하늘이 땅보다 높음같이 내 길은 너희 길보다 높으며 내 생각은 너희 생각보다 높으니라."(사 55:8~9)

인간적으로 좋아 보여도 그것이 성경과 다를 때 버리지 못한다면 참된 신앙의 자리에 들어갈 수 없습니다. 자신의 생각이 어떠하든지 그것을 부인하고 하나님의 말씀을 믿을 때 끝까지 주님과 동행할 수 있습니다. 그때 하나님께서 우리를 통해서 이루시는 역사들이 얼마나 놀라운지 모릅니다.

바울이 비시디아 안디옥에 있는 회당에서 말씀을 전했을 때 사람들이 두 부류로 나누어졌습니다. 자기 생각을 버리고 말씀을 그대로 받아들인 사람은 죄 사함을 받고 의로워져서 기쁨과 감사에 젖었습니다. 반대로 자기 생각을 따르는 유대인들은 복음을 대적하고 바울과 바나바를 핍박했습니다.

그들은 하나님께서 비를 그쳐 주실 것을 믿었습니다

저는 오래 전부터 기도하면서 남태평양에 있는 섬나라들에 복음을 전하고 싶었습니다. 세월이 흘러서 하나님이 그 길을 열어 주셨습니다. 2015년에는 피지에 가서 전도 집회를 했는데 아주 많은 사람이 모였습니다. 피지 감리교 목사님들도 수십 명이 참석해서 대부분 구원을 받고 우리와 계속 교류했습니다. 그 사실을 감리교 본부에서 알고 우리에 대해서 알아보려고 했는데, 알아볼 길이 없자 한국에 있는 감리교에 연락해서 물었습니다. 그런데 한국 감리교에서 우리에 대해 좋지 않게 이야기해서 피지 감리교는 우리와 교류를 끊으려고 했습니다. 그때 몇몇 목사님들이 감리교 대표 목사님을 찾아가서 "우리가 만난 기쁜소식선교회의 목사님들은 잘못된 분들이 아닙니다. 말씀이 정말 귀하고 성령이 충만한 분들입니다. 우리가 그분들과 계속 교류할 수 있게 해주십시오."라고 요청했습니다.

피지 감리교 본부에서 어떻게 해야 할지 고민하다가, 2016년에 있었던 IYF 한국 월드캠프에 목사님 한 분을 보내서 기쁜소식선교회에 대하여 자세히 알아보라고 했습니다. 그 목사님이 월드캠프에 참석한 후 피지로 돌아가서 이렇게 보고했다고 합니다.

"제가 지금까지 본 교회들 중에서, 역사적으로 보아도 성령이 이렇게 충만한 교회는 처음입니다. 월드캠프 개막식을 해운대 모래사장에서 했는데 오전부터 비가 내려서 개막식을 도저히 할 수 없는 상황이었습니다. 그런데 기쁜소식선교회의 목사님들은 전혀 실망하지 않고 기도하는 것을 보았습니다. 그들은 자신들이 기도하면 하나님께서 비를 그쳐 주실 것을 믿었습니다. 놀랍게도, 계속 내리던 비가 개막식 한 시간 전에 그치고 하늘이 환해져서 정말 아름다운 개막식을 가졌습니다. 그 외에도 그들이 전하는 말씀, 그들의 삶, 그들의 교제에서 인간적인 것은 보이지 않고 정말 성령이 충만한 교회였습니다. 우리가 이런 교회와 꼭 교류해야 하고, 배워야 합니다."

월드캠프에 참석한 목사님의 보고를 듣고 피지 감리교가 우리와 교류하기로 했습니다. 이후로도 여러 목사님들이 한국 월드캠프에 참석하고 우리와 교제하면서 많은 은혜를 입었습니다. 그 후 제가 피지를 방문했을 때 감리교 대표 목사님께서 "목사님, 우리가 정식으로 사과드립니다."라고 하며 지난 일들을 이야기하셨습니다. 또한 "우리는 기쁜소식선교회와 교류하기를 원합니다."라고 하여 좋은 교제를 나눌 수 있었습니다.

2018년부터는 우리 선교회의 여러 목회자가 피지를 방문해 복음을 전했습니다. 특별히 감리교와 교류하면서 감리교 목회자들과의 교제가 굉장히 은혜로웠습니다. 피지 감리교에서 우리에게 점점 마음을 열어서 우리가 정말 기쁘고 복된 시간을 보냈습니다.

그해 6월에는 제가 다시 피지를 방문해서 복음을 전했습니다. 피지 정부와 감리교에서 우리를 환영했고, 우리가 개최한 집회에 많은 목회자들이 참석할 수 있도록 감리교 본부에서 피지의 많은 섬들에서 목회하는 목사님들을 초대했습니다. 600여 명이나 되는 목회자 앞에서 제가 복음을 전했습니다. 그분들이 다 기쁨으로 복음을 받아들였습니다. 복음을 듣고 변화된 수많은 목회자들이 우리에게 같이 일하고 싶다고 하고, 자주 와서 신앙을 가르쳐 달라고 했습니다. 정말 은혜로운 시간이었습니다.

피지는 옛날에 영국의 속국이었습니다. 어느 날 영국 여왕이 피지 지도자들을 불러서 이렇게 말했다고 합니다.

"지금까지는 내가 피지를 다스렸습니다. 이제는 내가 아니라 예수님이 피지를 다스리시길 바랍니다. 여러분이 나의 다스림이 아니라 예수님의 다스림을 받겠다고 약속한다면, 내가 피지를 독립시켜 주겠습니다."

그 이야기를 듣고 여왕 앞에 서 있던 피지 사람들이 무릎을 꿇고 울었다고 합니다. 그들이 예수님의 다스림을 받겠다고 하여 여왕이 아무것도 요구하지 않고 피지를 독립시켜 주었습니다. 그때부터 피지는 자유롭게 사는 믿음의 나라가 되었고, 피지 감리교에서 국민들이 신앙생활을 하도록 마음을 다 쏟았습니다. 그런 역사를 가지고 있는 나라에서 우리가 감리교와 함께 복음을 전해 구원받는 사람이 많이 일어나서 하나님께 정말 감사했습니다.

바울과 바나바를 핍박케 하여 그 지경에서 쫓아내니

복음을 전하면 어려운 일이 생기지만 하나님으로 말미암아 모든 것이 복되고 아름답게 변하는 것을 수없이 경험했습니다. 자기 생각을 믿는 사람들은 하나님의 말씀을 그대로 받아들일 수 없기 때문에 언제라도 복음을 대적하고 복음 전하는 사람들을 핍박할 수밖에 없습니다. 어느 곳에서나 그런 일은 일어날 수밖에 없습니다. 우리에게 대적과 핍박이 닥쳐와도 두려워하지 않는 것은, 그것은 마땅한 일이기 때문입니다. 하나님의 말씀을 믿고 복음을 전하면서 살면 반드시 비방하고 대적하는 자들이 일어날 수밖에 없습니다. 모든 사람이 자기 생각을 버리고 하나님의 말씀을 받아들이지는 않기 때문입니다.

바울이 비시디아 안디옥에서 복음을 전해서 수많은 이방인이 구원을 받았습니다. 놀라운 하나님의 역사가 일어나서 기쁘고 감사하고 영광스러웠지만, 한편에서는 반대하는 자들이 바울과 바나바를 핍박해 안디옥에서 쫓아냈습니다.

"주의 말씀이 그 지방에 두루 퍼지니라. 이에 유대인들이 경건한 귀부인들과 그 성내 유력자들을 선동하여 바울과 바나바를 핍박케 하여 그 지경에서 쫓아내니 두 사람이 저희를 향하여 발에 티끌을 떨어 버리고 이고니온으로 가거늘, 제자들은 기쁨과 성령이 충만하니라." (행 13:49~52)

24강

루스드라의 앉은뱅이

"이에 이고니온에서 두 사도가 함께 유대인의 회당에 들어가 말하니 유대와 헬라의 허다한 무리가 믿더라. 그러나 순종치 아니하는 유대인들이 이방인들의 마음을 선동하여 형제들에게 악감을 품게 하거늘 두 사도가 오래 있어 주를 힘입어 담대히 말하니 주께서 저희 손으로 표적과 기사를 행하게 하여 주사 자기 은혜의 말씀을 증거하시니, 그 성내 무리가 나뉘어 유대인을 좇는 자도 있고 두 사도를 좇는 자도 있는지라. 이방인과 유대인과 그 관원들이 두 사도를 능욕하며 돌로 치려고 달려드니 저희가 알고 도망하여 루가오니아의 두 성 루스드라와 더베와 및 그 근방으로 가서 거기서 복음을 전하니라. 루스드라에 발을 쓰지 못하는 한 사람이 있어 앉았는데 나면서 앉은뱅이 되어 걸어 본 적이 없는 자라. 바울의 말하는 것을 듣거늘 바울이 주목하여 구

원받을 만한 믿음이 그에게 있는 것을 보고 큰 소리로 가로되 '네 발로 바로 일어서라!' 하니 그 사람이 뛰어 걷는지라. 무리가 바울의 행한 일을 보고 루가오니아 방언으로 소리질러 가로되 '신들이 사람의 형상으로 우리 가운데 내려오셨다' 하여"(행 14:1~11)

바울과 바나바가 비시디아 안디옥을 떠나 이고니온으로 가서 유대인의 회당에 들어가서 복음을 전했습니다. 유대인과 헬라인 가운데 허다한 무리가 바울이 전하는 이야기를 듣고 예수님을 믿어서 구원을 받았습니다. 그러자 다시 비방하고 핍박하는 자들이 일어나서 바울과 바나바를 돌로 치려고 했습니다. 이에 두 사람이 도망하여 루가오니아 지방으로 가서 루스드라와 더베에서 복음을 전했습니다.

바울이 루스드라에서 복음을 전할 때, 나면서부터 앉은뱅이가 되어 걸어본 적이 없는 사람이 바울이 하는 이야기를 귀 기울여 들었습니다. 바울이 그가 말씀을 마음으로 받아들이는 것을 보고 앉은뱅이에게 큰 소리로 "네 발로 바로 일어서라!"라고 했습니다. 그러자 그 사람이 일어나서 걷고 뛰었습니다.

바울의 마음에서는 예수님의 마음이 작용하고 있었다

우리가 복음을 전하며 살면 하나님이 우리 안에 많은 일을 하십니다. 구원받은 성도는 예수 그리스도의 영을 받아들인 사람들로, 성도가 믿음으로 행하면 그 믿음은 우리 마음과 예수님의 마음을 하나가 되게 합니다. 그러면 우리를 통해서 예수님이 일하시던 것과 같은 능력과 역사가 나타납니다. 저도 성경 말씀을 믿었을 때 사람이 보기에 가능한 일뿐 아니라 불가능한 일도 이루어지는 것을 여러 번 경험했습니다.

예수님은 이 세상에서 33년을 사셨습니다. 세상에 계시는 동안 배를 타고 가다가 피곤해서 고물에서 베개를 베고 주무시기도 했고, 시장하여 무화과나무에서 열매를 구하기도 하셨습니다. 예수님의 몸은 우리 몸과 똑같이 피곤을 느끼고 배고픔을 느꼈습니다. 십자가를 지고 갈보리로 가시다가 쓰러지기도 하셨고, 피도 흘리셨습니다. 예수님이 가지신 몸은 특별한 몸이 아니었습니다. 우리가 가진 몸과 똑같은 몸이었습니다. 예수님은 우리와 같은 몸을 가지고 살면서 놀라운 일들을 이루셨습니다.

우리 마음에는 많은 생각들이 올라옵니다. 한편으로는 우리가 자기 생각이 아닌 하나님의 말씀을 듣습니다. 말씀을 듣고 믿음으로 받아들이면 그때부터는 우리가 일하는 것이 아니라 하나님의 말씀이 일합니다. 예수님이 세상에 계실 때 일하신 것처럼 우리 육체를 통해서도 하나님의 능력이 나타납니다.

사도행전 3장에서 베드로가 성전 미문에서 구걸하던 앉은뱅이를 일으켰습니다. 전에 베드로는 그런 마음을 갖거나 그런 일을 하는 사람이 아니었습니다. 일반 사람들과 같은 마음을 가지고 살았습니다. 그런데 그의 마음에 성령이 임하고 그가 성령에 이끌리면서 예수님처럼 행하기 시작했습니다. 앉은뱅이를 보았을 때 '내 안에 계시는 예수님이 저 사람을 일으키시겠다'는 마음이 일어났습니다. 그 후로도 베드로는 중풍병으로 8년 동안 누워 있던 애니아를 일으키기도 하고,

죽은 다비다를 살리기도 했습니다.

사도행전 14장에서는 사도 바울이 루스드라에서 복음을 전하다가 앉은뱅이를 일으켰습니다. 그는 나면서부터 앉은뱅이가 되어 걸어본 적이 없는 사람이었습니다. 저도 설교하다 보면, 어떤 사람은 관심이 없지만 어떤 사람은 제가 전하는 말씀을 마음으로 받아들이는 것이 보입니다. 말씀이 그 사람 마음으로 들어가는 것을 느낄 수 있습니다. 바울이 루스드라에서 복음을 전하다가 앉은뱅이가 말씀을 마음으로 받아들이는 것을 느꼈습니다. '저 사람이 내가 전하는 이야기를 마음에 그대로 받아들이는구나.' 그래서 앉은뱅이를 향해 큰 소리로 외쳤습니다. "네 발로 바로 일어서라!" 그러자 그 사람이 일어나서 걷고 뛰었습니다.

바울이 루스드라에서 복음을 전하고, 앉은뱅이에게 일어서라고 했을 때, 바울의 마음에서는 예수님의 마음이 작용하고 있었습니다. 사람은 누구나 자기 마음을 가지고 자신의 생각을 따라서 삽니다. 그렇게 살다가 어느 날 예수님의 말씀을 듣습니다. 예수님의 말씀은 우리 생각과 전혀 다릅니다. 그렇기 때문에 우리 생각을 버리지 않고는 말씀을 믿을 수 없습니다. 우리가 예수님의 말씀을 듣고 자기 생각을 버리고 말씀을 마음에 그대로 받아들이면 놀라운 일이 일어납니다.

예수님의 말씀은 예수님의 마음을 그대로 표현한 것으로, 말씀은 곧 예수님의 마음입니다. 그렇기 때문에 예수님의 말씀을 받아들인 것은 예수님의 마음을 받아들인 것과 같습니다. 우리 마음에 예수님의 마음이 들어와서 우리 마음이 예수님의 마음과 하나가 되면, 예수님이 이 세상에서 몸을 입고 오셔서 행하셨던 놀라운 일들이 우리를 통해서도 나타납니다. 그로 말미암아 하나님께 영광을 돌리고 많은 사람들이 하나님께로 돌아오는 일이 이루어집니다.

병원에 가서 보니, 이틀을 넘기기 어려울 것 같습니다

저도 구원받고 예수님을 믿고 사는 동안, 죽음 앞에 서 있던 사람이 저를 만나서 일어나는 경우를 여러 번 보았습니다. 제가 특별한 사람이어서 그런 일이 일어나는 것이 아니라 내 생각을 버리고 말씀을 믿을 때 하나님이 역사하십니다.

제가 대전에서 복음을 전하며 살 때의 일입니다. 한번은 집에 있는데 전화가 왔습니다.

"여보세요."

"목사님, 여기 전주인데요. 김충환 형제가 암으로 병원에 오래 입원해 있었는데 앞으로 얼마 살지 못할 것 같습니다."

마침 우리 교회의 목사님 한 분이 전주에 있어서, 전화하여 전북대병원에 입원해 있는 김충환 형제를 보고 오라고 했습니다. 그 목사님이 병원에 다녀와서 저에게 전화로 말했습니다.

"목사님, 병원에 가서 보니 이틀을 넘기기 어려울 것 같습니다. 의사가 곧 죽는다고 했습니다."

다음날 주일 오전 예배를 마치고 제가 광주에 가서 저녁 말씀을 전하려고 했습니다. 아내와 아들과 셋이 가기로 했는데 제가 아내에게 말했습니다.

"여보, 광주로 가는 길에 전북대병원에 들러서 김충환 형제를 만나고 싶으니 한 시간 일찍 출발합시다."

우리가 한 시간 일찍 출발하여 전북대병원에 도착해서 김충환 형제가 입원해 있는 병실을 찾아갔습니다. 제가 병실 문을 열고 안으로 들어가자 병실 안에 죽음의 그림자가 가득 드리워져 있었습니다. 형제의 아내는 병실 한쪽에서 고개를 푹 숙이고 있다가 제가 들어가니까 힘없이 고개를 들어 저를 쳐다보더니 다시 고개를 숙였습니다. 형제의 어머니는 침대 옆에서 눈물만 줄줄 흘리고 있었습니다. 형제가 아직 죽지 않았지만 가족들의 마음에서는 이미 죽은 것과 다름이 없었습니다.

침대에 누워 있는 형제는 죽었는지 살았는지 아무 움직임이 없었습니다. 그때 죽음의 분위기가 제 마음에도 엄습해 들어왔습니다. '아, 형제가 죽는구나.' 그런데 그때 제가 '이 병실 문을 열고 들어온 분이 내가 아니라 예수님이라면 어떤 일이 일어났을까?'라는 생각을 했습니다. 예수님이 반드시 형제를 고치실 거라는 마음이 들었습니다. 이어서 '내 안에도 예수님이 계시는데, 내 안에 계시는 예수님이 형제를 능히 고치시겠다'는 마음이 들었습니다. 제가 김충환 형제에게 소리를 질렀습니다.

"어이, 김 형제! 눈 좀 떠봐! 날 좀 쳐다봐!"

"예... 목사님..."

김 형제가 겨우 대답했습니다.

"김 형제, 내 이야기 잘 들어. 의사는 자네가 이삼 일 더 못 산대. 그런데 이건 형편이야. 예수님이 역사하시면 이거 아무 문제도 안 돼. 예수님이 형제에게 어떻게 역사하시는지 알아? 전기는 전선을 통해 흘러. 전선만 연결하면 전기는 어느 집에든지 가. 악한 사람 집에도 가고 착한 사람 집에도 가고, 부잣집에도 가고 가난한 사람 집에도 가고, 전선만 연결되어 있으면 전기는 어느 집에든지 가서 일을 해. 전기는 전선을 통해 흐르고 수돗물은 파이프를 통해 흐르고, 하나님의 능력은 마음을 통해 흘러. 자네 마음이 예수님의 마음과 연결되어서 하나가 되면 예수님이 자네 마음 안에서 일을 하실 수 있어. 내 말 알겠어?"

"예... 목사님..."

"이제 자네가 어떻게 하면 예수님과 마음이 하나가 되는지 그 길을 이야기해 줄게. 나는 성경을 여러 번 읽었어. 마태, 마가, 누가, 요한 복음에서 예수님이 수많은 병자를 고치셨어. 그런데 예수님은 한 번도 병자를 못 본 체하시지 않았어. 소경이든 문둥병자든 중풍병자든 다 고치셨어. 예수님은 어제나 오늘이나 영원토록 동일하시기 때문에 2천 년 전에 역사하신 예수님은 지금도 똑같아. 만일 예수님이 이 자리에 오셨다면 자네가 죽어가는 걸 보고 못 본 척하시지 않아. 바쁘다면서 잘 있으라고 하고 그냥 가시지 않아. 반드시 자네를 고치실 거야.

그러면 자네 마음이 어떻게 예수님의 마음과 하나가 되는지 알아? 예수님은 자네를 고치길 원하셔. 자네도 그렇게 믿으면 돼. '아, 예수님이 나를 고치길 원하시는구나. 그러면 예수님이 나를 고치시겠다. 2천 년 전에 계신 예수님이 오늘 이 자리에도 계시고, 의사는 내가 죽는다고 했지만 죽은 나사로도 살리신 예수님이 나를 살리시겠다.' 이렇게 믿는 거야. 그러면 자네 마음이 예수님의 마음과 하나가 돼. 예수님과 한마음이 되면 자네가 암으로 죽어가는 것이 아무 문제가 안

돼. 나는 성경을 믿어. 그리고 성경에 있는 이 방법으로 어떤 병에 걸린 사람이든지 낫는 것을 여러 번 보았어. 자네 내 말 알겠어?"

"예... 목사님..."

"다시 이야기해 볼게. 첫째로 자네가 예수님의 마음을 알아야 돼. 예수님은 어떤 병자든지 고치길 원하셔. 누구에게도 긍휼을 베풀길 원하셔. 문제는 우리는 그렇게 생각하지 않는다는 거야. 그렇기 때문에 우리가 예수님을 향해 마음을 열고 예수님과 같은 마음을 갖는 거야.

'예수님이 나를 고치시겠네. 문둥병자를 고치고 소경을 고치고 죽은 나사로를 살리신 예수님은 나를 고치실 능력도 있지만 나를 고치기 원하는 마음도 가지고 계시는구나. 그러면 내가 낫겠다.'

이 마음을 가지면 자네를 고치기 원하시는 예수님의 마음과 자네 마음이 한마음이 되는 거야. 우리 마음이 예수님의 마음과 다른 세계에 있다가 예수님의 마음과 연결되는 거야. 그러면 예수님의 능력이 자네에게로 흘러. 예수님의 능력이 들어오면 암 그거 아무것도 아냐.

예수님이 병자를 고치실 때 자주 뭐라고 말씀하셨느냐면, '네가 믿느냐? 네 믿음대로 되리라' 하셨어. 믿으면 믿음대로 된다고 하셨어. 예수님은 고치실 능력도 있고, 고치길 원하는 마음도 가지고 계셔. 자네가 '내가 암으로 죽겠구나' 하면 예수님과 마음이 달라. '문둥병자를 깨끗케 하시고 38년 된 병자를 걷게 하시고 죽은 나사로를 살리신 예수님이 나도 살리시겠구나.' 이 마음을 갖는 거야. 형제, 이해가 가?"

"예... 목사님..."

"바로 그렇게 믿는 거야."

제가 형제 머리에 손을 얹고 기도했습니다.

"하나님 아버지, 감사합니다. 예수님은 우리를 사랑하십니다. 형제를 고치길 원하십니다. 형제의 연약한 마음에 믿음을 더해 주옵소서. 낫게 해주시길 바랍니다."

기도를 마치고 병실에서 나와서 광주로 갔습니다.

일주일쯤 지난 어느 날 아침에 전화가 왔습니다.

"여보세요."

"목사님, 저 김충환 형제입니다."

"아, 김 형제! 잘 있었어?"

"예, 목사님. 저 잘 있습니다."

병실에서 만났을 때에는 다 죽어가고 있었는데 목소리에 힘이 있었습니다. 정말 감사했습니다.

"어제 병원에서 검사했는데 제 몸 어디에도 암 세포가 하나도 없다고 합니다. 저 오늘 퇴원합니다. 너무 감사해서 목사님께 전화를 드렸습니다."

형제가 건강해졌습니다. 뛰고, 공도 차고…. 한번은 형제가 우리 교회에 왔습니다. 주일 오전 예배 때 형제 자매들이 많이 모인 자리에서 형제가 간증을 했습니다. 죽음 앞에서 어떻게 몸이 건강해졌는지 자세히 이야기했습니다. 의사는 이삼 일밖에 살지 못한다고 했고, 자신에게는 길이 없어서 죽을 수밖에 없었지만, 아무것도 한 것이 없고 다만 '예수님이 나를 고치길 원하시는구나'라는 사실을 믿은 것밖에 없다고 했습니다.

행동은 우리가 하지만, 하나님의 마음이 나타나는 것

바울이 루스드라에서 복음을 전할 때, 앉은뱅이가 한쪽에 앉아서 바울이 하는 이야기를 정신없이 듣고 있었을 것입니다. 처음 들어보는 말씀을 마음에 그대로 받아들였을 것입니다. 바울에게 있는 예수님의 마음이 이야기를 통해서 흘러나오고, 그 이야기를 듣는 사람이 그대로 받아들여서 예수님의 마음이 그 사람에게 흘러들어갔습니다. 그의 마음에 하나님이 역사하실 수 있게 되었습니다. 바울이 그것을 알고 앉은뱅이에게 큰 소리로 말했습니다.

"네 발로 바로 일어서라!"

앉은뱅이의 마음에 하나님이 역사하시니 그가 바울의 말을 듣고 그대로 일어났습니다.

제가 성경을 처음 읽을 때에는 줄거리가 보였습니다. 성경을 계속 읽다 보니 성경 말씀에서 하나님의 마음이 보였습니다. 하나님의 마음은 내 마음과 너무 달랐습니다. 내 마음은 악하고 더럽고 추하고 야비한데 하나님의 마음은 그렇지 않았습니다. 성경을 읽으면서 '내 마음을 버리고 하나님의 마음을 받아들여야겠다'는 마음이 들었습니다. 그 마음을 좇아 내 생각을 버리고 하나님의 말씀을 믿음으로 받아들였습니다. 하나님의 마음을 받아들였습니다. 그러자 내 삶이 완전히 달라졌습니다.

요한복음 13장 2절에서 **"마귀가 벌써 시몬의 아들 가룟 유다의 마음에 예수를 팔려는 생각을 넣었더니"**라고 했습니다. 가룟 유다가 예수님을 팔려는 생각을 가지고 있었는데, 그것은 본디 유다의 생각이 아니라 사탄이 넣어준 생각이었습니다. 가룟 유다는 사탄이 가져다준 생각을 받아들였던 것입니다. 그 생각에 이끌려서 예수님을 팔았습니다. 예수님을 판 것은 가룟 유다가 행한 일이지만, 그것은 사탄이 행한 것이었습니다.

우리를 통해서 성령의 역사가 나타나는 것도 그와 똑같습니다. 어느 순간 우리가 자신의 생각이 아닌 하나님의 말씀을 듣고, 그 말씀을 마음에 받아들이면 그때부터 그 말씀에 이끌립니다. 말씀에 이끌려서 어떤 일들을 합니다. 행동은 우리가 하지만, 본래 우리 마음이 아니라 하나님의 마음이 우리를 통해서 나타나는 것입니다. 우리가 행하지만 그 일을 행하는 분은 하나님이십니다.

이전 삶은 지나가고 새 삶이 시작되었다

사람은 누구나 죄를 짓습니다. 우리 생각이 더럽고 악하고 추하기 때문입니다. 누구든지 자기 생각에 이끌려서 살면 죄를 지을 수밖에 없습니다. 그렇게 살다가 어느 날 자신의 생각을 버리고 성경 말씀을 받아들입니다. 성경을 읽으면서 예수님의 마음을 발견하고 받아들일 수도 있고, 누군가 전해주는 이야기를 듣고 받아들일 수도 있습니다.

제가 하나님의 말씀을 받아들이면, 이름과 몸은 똑같이 박옥수지만 안에서 행하는 존재는 다릅니다. 내 생각을 따라서 살 때와 예수님의 마음으로 살 때는 전혀 다른 사람이 됩니다. 구원받은 성도가 세상의 욕망이나 육신의 정욕을 따라서 흘러갈 때가 있습니다. 반대로 하나님의 말씀을 받아들여서 예수님의 마음으로 살 때가 있습니다. 몸은 같지만 전혀 다른 마음에 이끌려서 사는 것입니다. 우리가 예수님의 마음으로 살면 예수님이 세상에 계실 때 행했던 일과 같은 일을 행하는 사람이 됩니다. 겉모습은 우리지만 속에서는 하나님이 살아 일하시는 것입니다. 그때 기적 같은 일들이 일어납니다. 하나님의 놀라운 능력과 역사를 경험하게 됩니다.

사도행전에 기록된 놀라운 역사를 이룬 베드로도, 바울도, 예수님의 마음을 받아들여서 예수님의 마음으로 살았기 때문입니다. 그들이 말했지만 예수님의 말씀이었고, 그들이 행했지만 예수님이 행하신 것이었습니다. 저는 어려서부터 교회에 다녔지만 죄를 지으며 살다가 1962년에 예수님을 만났습니다. 그날 이후 성경을 읽으면서 하나님의 말씀을 하나 둘 마음에 받아들였습니다. 그러자 놀랍게도 내 안에서 예수님이 일하셨습니다. 성경에 기록된 역사가 저를 통해서도 일어났습니다.

안타깝게도, 많은 성도들이 사탄에게 속아서 여전히 자신의 마음을 따라서 삽니다. 그러나 악하고 더럽고 거짓된 자신의 마음을 분명히 보면 그 마음으로 사는 것이 진절머리가 납니다. 그런 마음으로 사는 자신이 견딜 수 없게 가련하고 안타깝습니다. '내가 내 생각을 따라 살면 망하겠구나!' 하고, 자기 생각을 버리고 마음에 예수님의 말씀을 받아들입니다.

하나님의 말씀을 받아들이면 우리 안에 하나님의 평안이 머물고, 기쁨과 소망이 가득하며, 하나님의 능력이 역사합니다. 몸은 달라진 것이 하나도 없지만 마음은 전혀 다릅니다. 자신이 잘나고 똑똑한 줄 알 때가 있지만 그렇지 않습니다. 예수님의 마음으로 살 때 삶이 복되고 아름답습니다.

우리는 예수 그리스도의 사람들입니다. 예수님을 마음에 받아들여서 몸은 우리지만 마음은 예수님의 마음으로 사는 사람들이 되었습니다. 이전 삶은 지나가고 새 삶이 시작되었습니다.

"그런즉 누구든지 그리스도 안에 있으면 새로운 피조물이라. 이전 것은 지나갔으니 보라 새것이 되었도다."(고후 5:17)

바울은 이전에 자기 생각을 따라서 예수님 믿는 사람들을 격렬히 핍박하던 사람이었습니다. 그가 자신이 얼마나 잘못되었는지 발견하고 예수님을 받아들여서 예수님의 마음으로 살았습니다. 그 마음으로 루스드라의 앉은뱅이에게 "네 발로 바로 일어서라!"라고 말했습니다.

누구든지 자기 마음으로 살면 어둡고 능력이 없지만 예수님의 마음으로 살면 밝고 능력이 있습니다. 놀라운 역사들을 경험할 수 있습니다. 이런 일이 사도들에게도 일어나고, 오늘 우리에게도 일어난다는 사실이 얼마나 놀랍고 감사한지 모릅니다.

25강

안디옥 교회에서 생긴 율법 논쟁

"어떤 사람들이 유대로부터 내려와서 형제들을 가르치되 '너희가 모세의 법대로 할례를 받지 아니하면 능히 구원을 얻지 못하리라' 하니 바울과 바나바와 저희 사이에 적지 아니한 다툼과 변론이 일어난지라. 형제들이 이 문제에 대하여 바울과 바나바와 및 그 중에 몇 사람을 예루살렘에 있는 사도와 장로들에게 보내기로 작정하니라. … 예루살렘에 이르러 교회와 사도와 장로들에게 영접을 받고 하나님이 자기들과 함께 계셔 행하신 모든 일을 말하매 바리새파 중에 믿는 어떤 사람들이 일어나 말하되 '이방인에게 할례 주고 모세의 율법을 지키라 명하는 것이 마땅하다' 하니라. 사도와 장로들이 이 일을 의논하러 모여 많은 변론이 있은 후에 베드로가 일어나 말하되 '형제들아, … 하나님이 우리에게와 같이 저희에게도 성령을 주어 증거하시고 믿

음으로 저희 마음을 깨끗이 하사 저희나 우리나 분간치 아니하셨느니라. 그런데 지금 너희가 어찌하여 하나님을 시험하여 우리 조상과 우리도 능히 메지 못하던 멍에를 제자들의 목에 두려느냐? 우리가 저희와 동일하게 주 예수의 은혜로 구원받는 줄을 믿노라' 하니라."(행 15:1~11)

바울과 바나바가 1차 전도 여행을 마치고 안디옥 교회로 돌아왔을 때, 유대에서 온 어떤 사람들이 안디옥 교회 형제들에게 "너희가 모세의 법대로 할례를 받지 않으면 능히 구원을 얻지 못하리라."라고 가르쳤습니다. 그로 인해 바울과 바나바와 그들 사이에 적지 않은 다툼과 변론이 일어났습니다.

안디옥 교회는, 사도행전 11장에 기록된 대로 스데반의 일로 일어난 환난을 피해서 예루살렘을 떠난 성도들이 안디옥까지 이르러 복음을 전해서 형성된 교회입니다. 처음에는 유대인에게만 복음을 전하다가 몇 사람이 헬라인에게도 복음을 전하면서 성령이 크게 역사해 수다한 사람이 예수님을 믿고 죄 사함을 받았습니다. 그 소식을 예루살렘 교회에서 듣고 바나바를 보내서 안디옥 교회를 인도하게 했습니다.

하나님이 택하신 이스라엘 백성처럼 할례를 받아야…

안디옥 교회는 이방인으로 지내다가 구원받은 사람들이 모인 교회이기 때문에 당연히 성도들이 율법을 지킨 적이 없었습니다. 그런데 유대에서 온 어떤 사람들이 '모세의 법대로 할례를 받지 않으면 구원받지 못한다'고 가르쳤습니다. 예수님만 믿어서는 구원받을 수 없고, 구약 시대에 하나님이 택하신 이스라엘 백성이 할례를 행했던 것처럼 할례를 받아야 구원을 받는다고 가르친 것입니다. 그들은 예루살렘 교회에서 보낸 사람들이 아니고 스스로 와서 그렇게 가르쳤습니다.

바울과 바나바는 그들이 하는 이야기가 아주 잘못되었기 때문에 그들과 다투고 변론했습니다. 그러나 그 사람들 또한 자신들의 이야기가 옳다고 주장해서 결론이 나지 않았습니다. 결국 안디옥 교회 형제들이 이 문제를 해결하기 위해 바울과 바나바와 몇 사람을 예루살렘에 있는 사도들과 장로들에게 보냈습니다.

예루살렘 교회에서도, 바리새인으로 지내다가 구원받은 성도들은 "이방인에게 할례를 주고 율법을 지키라고 명하는 것이 마땅하다."라고 말했습니다. 예수님의 죽음으로 죄가 씻어진 것을 믿어서 구원받았지만 하나님이 모세를 통해서 주신 율법도 지켜야 한다고 생각했던 것입니다. 사도들과 장로들이 이 일을 의논하려고 모였고, 많은 변론이 있었습니다.

율법으로는 죄를 깨달음이니라

오늘날도 어떤 교회에서는 율법을 잘 지키는 것이 신앙생활을 잘하는 것이라고 생각합니다. 예수님을 믿는 우리가 율법을 지켜야 합니까? 아니면, 안 지켜도 됩니까? 이 사실을 정확히 알려면 하나님이 우리에게 율법을 주신 목적을 분명히 알아야 합니다. 율법을 하나님이 주신 목적대로 사용해야 합니다. 로마서 3장에서 하나님이 율법을 주신 목적을 알 수 있습니다.

"그러므로 율법의 행위로 그의 앞에 의롭다 하심을 얻을 육체가 없나니 율법으로는 죄를 깨달음이니라."(롬 3:20)

표면적으로 보면, 율법은 지키면 의롭게 됩니다. 그러나 실제로 율법을 지켜서 의롭게 될 사람은 하나도 없습니다. 율법은 하나님께서 죄를 깨달으라고 주셨기 때문입니다. 법이 없으면 죄를 정확히 알 수 없습니다. 법이 세워지면 죄가 분명히 드러납니다. 율법은 우리 죄를 분명히 드러나게 하려고 하나님이 주신 것입니다. 죄가 드러나면 죄에는 심판이 뒤따릅니다.

"우리가 알거니와 무릇 율법이 말하는 바는 율법 아래 있는 자들에게 말하는 것이니, 이는 모든 입을 막고 온 세상으로 하나님의 심판 아래 있게 하려 함이니라."(롬 3:19)

율법은 인간에게 죄를 드러내 주고 모든 사람을 심판 아래 있게 합니다. 죄인이기에 심판을 받을 수밖에 없다는 사실을 분명히 가르쳐 줍니다.

하나님은 죄에 빠진 인간을 구원하려고 하셨습니다. 문제는, 사람이 멸망 당할 위치에 있어도 알지 못하면 구원받아야 할 필요를 느끼지 못합니다. 그래서 하나님이 구원의 길을 여셔도 들어가지 않고, 그 길을 찾지도 않습니다. 하나님은 인간에게 먼저 죄를 깨닫게 해주려고 율법을 주셨습니다.

어떤 사람도 율법을 지켜서는 결코 의롭게 되지 못합니다. 율법이 하는 일은, 우리에게 죄를 깨닫게 해주고 심판을 받아야 한다는 사실을 가르쳐 주는 것입니다. 그것이 하나님께서 인간에게 율법을 주신 목적입니다. 율법은 우리가 지켜서 의롭게 되는 데 쓰는 것이 아닙니다. 그렇다면 죄에 빠져 있고 심판을 받아야 하는 인간이 의롭게 될 수 있는 길이 있습니까?

"이제는 율법 외에 하나님의 한 의가 나타났으니, 율법과 선지자들에게 증거를 받은 것이라. 곧 예수 그리스도를 믿음으로 말미암아 모든 믿는 자에게 미치는 하나님의 의니 차별이 없느니라."(롬 3:21~22)

예수 그리스도를 믿으면 어떤 사람에게든지 하나님의 의가 미쳐집니다. 자신이 죄를 짓지 않고 선하게 살아서 의로워지는 것이 아니라 하나님의 의가 마음에 임해서 의롭게 되는 것입니다.

"모든 사람이 죄를 범하였으매 하나님의 영광에 이르지 못하더니, 그리스도 예수 안에 있는 구속으로 말미암아 하나님의 은혜로 값 없이 의롭다 하심을 얻은 자 되었느니라."(롬 3:23~24)

사람은 누구나 죄를 지었습니다. 그래서 아무도 하나님의 영광에 이를 수 없고, 심판을 받아서 영원한 멸망을 당할 수밖에 없었습니다. 그런데 예수님이 우리 죄를 짊어지고 십자가에 못박히셨습니다. 우리 대신 죄의 형벌을 받으셨습니다. 예수님이 이루신 구속으로 말미암아 우리 죄가 다 씻어져서 하나님이 우리를 보고 '의롭다' 하셨습니다. 우리가 잘해서가 아니라 하나님의 은혜로 우리가 의롭게 되어서 하늘나라에 갈 수 있는 길이 열렸습니다.

대구교도소 19호 감방의 사형수 남인환

제가 대구에서 선교학교 학생이었을 때의 일입니다. 대구교도소 19

호 감방에 남인환이라는 사형수가 있었습니다. 그가 재판에서 사형 선고를 받은 뒤 교도소로 돌아와서 마음이 담담했다고 합니다. '내가 사형 선고를 받았구나. 얼마 후면 사형을 당하겠구나.' 가족들이 면회를 왔습니다. 어머니가 아들을 보고 울었습니다. "이놈아, 이게 무슨 일이냐?" 동생들도 면회를 왔습니다. 그런데 가족들이 사형수가 된 자신을 뭔가 꺼리는 것을 느꼈습니다. 그 후로는 누가 면회를 와도 만나지 않았습니다. 모든 것이 싫어졌습니다. 독방에서 자주 소리를 질렀습니다.

"빨리 죽여라!! 왜 안 죽이냐?"

어느 날, 어떻게 들어갔는지 우리가 만든 전도지 하나가 그가 수감되어 있던 방에 들어갔습니다. 그냥 찢어버리려다 독방에서 너무 심심하니까 한번 읽어 보았습니다. 무슨 말인지 이해가 되지 않았지만 심심할 때마다 읽었습니다. 종이가 해어질 정도로 읽고 또 읽었습니다. 하루는 전도지에 적힌 내용을 제대로 알고 싶어서 교도관에게 성경을 구해 달라고 부탁했습니다. 성경을 읽기 시작했습니다. 누가복음에서 십자가에 달린 강도 이야기를 읽다가, 예수님이 한 편 강도에게 "오늘 네가 나와 함께 낙원에 있으리라." 하신 대목에서 마음에 느낀 바가 있었습니다. 그분이 우리에게 편지를 보내와 우리가 찾아가서 복음을 전했습니다. 그분이 구원을 받았습니다. 그 후 삶이 변했습니다. 제가 면회를 갔을 때 이렇게 말했습니다.

"내가 교도소에 오지 않았으면 어떻게 구원받았겠습니까? 하늘나라에 가는 것이 너무 기쁩니다!"

얼마 뒤 저는 군에 입대했습니다. 입대하고 몇 개월이 지났을 무렵 엽서 한 장이 제가 복무하고 있던 부대로 날아왔습니다. 엽서에는 아주 짤막한 내용이 적혀 있었습니다.

"우리 형제 남인환, 주님 품으로 가다."

이런 사람을 살릴 법이 없다는 것이…

그 후, 세월이 많이 흘렀습니다. 제가 대구에서 목회하다가 서울로 올라와서 목회할 때였습니다. 하루는 아내와 함께 어느 성도의 집을 심방하려고 북악스카이웨이 쪽으로 차를 몰고 올라가는데 갑자기 눈이 펑펑 내렸습니다. 얼마나 많이 내리는지 차를 운전하기 힘들었습니다. 마침 길옆에 조그마한 예배당이 있어서 차를 몰고 예배당 마당으로 들어갔습니다. 차 소리를 듣고 집안에 계시던 나이 많은 목사님이 밖으로 나오셨습니다.

"목사님, 길이 너무 미끄러워서 마당에 차를 잠깐 세워 놓았다가 도로 상황이 좋아지면 가려고 하는데, 그래도 되겠습니까?"

"예, 그렇게 하세요."

목사님이 상황을 이해하고 저에게 안으로 들어오라고 하셨습니다. 생전 처음 보는 목사님 집에 들어가서 점심을 얻어먹었습니다. 목사님이 자신은 이북에서 왔다고 하며, 점심을 먹으려고 사모님이 김치밥을 했으니 같이 먹자고 했습니다. 김치밥을 양념장에 비벼서 맛있게 먹었습니다.

점심을 다 먹고 눈이 그칠 때까지 목사님과 이야기를 나누었습니다. 목사님이 전에 교도소에서 교목으로 있었다고 하셔서 제가 물었습니다.

"어느 교도소에 계셨습니까?"

"대구교도소에 있었어요."

문득 남인환 형제 생각이 났습니다.

"몇 년도에요?"

"1960년대부터요."

"혹시 사형수 남인환이라고 아십니까?"

"잘 알지요."

"제가 군대에 있을 때 그분이 사형을 당했다고 전해 들었습니다. 그렇습니까?"

"예, 내가 그 자리에 있었어요."

"저는 남인환 씨가 죽기 전에 같이 신앙 교제를 나누었습니다. 그 분 이야기를 듣고 싶습니다."

하나님이 저에게 남인환 형제의 이야기를 들려주시려고 그 예배당에 들어가게 하셨다는 마음이 들었습니다.

"사형이 집행되던 날, 절차대로 진행되어 남인환 씨의 얼굴에 검은 보자기를 덮었지요. 검사가 나와서 사형 집행문을 읽고, 그의 이름과 생년월일 등을 확인한 후 사형을 집행한다고 선언했어요. 그리고 남인환 씨에게 '마지막으로 하고 싶은 이야기가 있느냐?'고 물었지요. 남인환 씨가 하고 싶은 이야기가 있다고 했어요. 검사가 하라고 하자, 얼굴을 덮은 보자기를 벗겨주면 좋겠다고 했어요. 검사가 그렇게 해주라고 했어요."

사형장에는 집행관이 있고, 종교 의식을 행하는 신부나 승려나 목사가 있고, 사망을 진단하는 의사가 있고, 검사가 있습니다. 남인환 씨가 앉아 있는 사람들에게 말했습니다.

"당신들은 내가 제 명에 못 죽고 사형을 당하니까 나를 불쌍하게 생각할 겁니다. 그러나 내가 볼 때는 당신들이 불쌍합니다. 나는 지금 죽지만 당신들은 안 죽습니까? 언젠가는 당신들도 죽습니다. 대한민국의 법은 내 죄를 용서하지 못해 내가 이렇게 사형을 당하지만, 하나님의 법으로는 내 죄를 다 용서받았습니다. 잠시 후면 나는 예수님의 품에 영원히 안길 겁니다. 당신들은 대한민국 법으로는 죄인이 아니지만, 하나님 앞에서는 죄 없는 사람이 없습니다. 당신들도 나처럼 예수님을 믿고 죄를 사함 받아서 하늘나라에 가면 좋겠습니다."

그가 이렇게 이야기하고 마지막으로 "나의 갈 길 다가도록 예수 인도하시니…" 찬송을 불렀습니다. 그리고 사형을 당했습니다.

그의 마지막 모습을 지켜본, 사형을 집행하던 검사가 눈물을 흘렸다고 합니다.

"대한민국에 이런 사람을 살릴 법이 없다는 것이 너무 안타깝다. 이런 사람은 살아야 하는데…."

남인환. 그는 전에 악독한 사람이었고 살인자였지만 예수님을 믿고 전혀 다른 사람이 되어서 짧은 날들을 감사한 마음으로 보내다가 세상을 떠났습니다. 그가 우리 곁을 떠나서 많이 섭섭했습니다. 그 후로도 저는 교도소에 수감되어 있던 재소자들이 마음 중심에서부터 새롭게 변화되는 것을 많이 보았습니다.

물벌레가 잠자리가 되고 배추벌레가 나비가 되는 변화가 아름답습니다. 그런 변화는 사람에게도 일어납니다. 더럽고 흉악하게 살았던 사람이 밝고 깨끗한 사람으로 변합니다. 제가 가장 행복한 때는 사람이 변하는 모습을 볼 때입니다. 그 변화를 일으키는 힘은 우리가 선하게 살려고 하는 각오나 결심이 아닙니다. 하나님의 사랑입니다. 율법을 지켜서 의롭게 되는 것이 아니라, 십자가에 못박혀 죽으신 예수 그리스도의 피로 모든 죄를 사함 받아서 우리가 의롭게 될 때 새로운 사람이 됩니다.

다만 예수님을 믿음으로

바울과 바나바가 1차 전도 여행을 마치고 안디옥 교회로 돌아갔을 때, 유대에서 온 어떤 사람들이 할례를 받아야 구원을 받는다고 가르쳤습니다. 그 일로 인해 예루살렘으로 갔고, 사도들과 장로들이 '이방인 형제들이 율법을 지켜야 하는지' 의논하려고 모여서 많은 변론이 있은 뒤 베드로가 말했습니다.

"형제들아, 너희도 알거니와 하나님이 이방인들로 내 입에서 복음의 말씀을 들어 믿게 하시려고 오래 전부터 너희 가운데서 나를 택하시고, 또 마음을 아시는 하나님이 우리에게와 같이 저희에게도 성령을 주어 증거하시고 믿음으로 저희 마음을 깨끗이 하사 저희나 우리나 분간치 아니하셨느니라. 그런데 지금 너희가 어찌하여 하나님을 시험하여 우리 조상과 우리도 능히 메지 못하던 멍에를 제자들의 목에 두려느냐? 우리가 저희와 동일하게 주 예수의 은혜로 구원받는 줄을 믿노라."

베드로는 성령의 인도를 좇아서 이방인인 백부장 고넬료의 집에 가서 그곳에 모인 사람들에게 복음을 전했습니다. 그때, 다만 예수님을 믿음으로 이방인에게도 성령이 임하는 것을 보았습니다. 그러한 사실을 누구보다 잘 알고 있는 베드로가 세 가지 사실을 분명히 말했습니다.

첫째, 하나님께서 예수님을 믿은 이방인들에게도 성령을 주셨고, 믿음으로 마음을 깨끗하게 하셨다. 그래서 유대인이나 이방인이나 분간하지 않으셨다.

둘째, 그런데 어찌하여 유대인도 능히 메지 못한 율법의 멍에를 제자들의 목에 두려고 하느냐?

셋째, 유대인이나 이방인이나 동일하게 예수님의 은혜로 구원받는 줄 믿는다.

예수님이 우리 죄를 짊어지고 갈보리 언덕에서 십자가에 못박혀 죽으셨습니다. 예수님의 죽음으로 우리가 지은 죄의 형벌이 끝나고 죄가 다 씻어졌습니다. 율법으로 죄를 깨닫고, 그 죄가 예수님의 죽음으로 다 씻어졌습니다. 안타깝게도, 오늘날 얼마나 많은 교회에서 사람들이 율법을 지켜서 의롭게 되려고 하는지 모릅니다. 자신이 기도도 잘하고 전도도 잘하고 성경도 잘 읽어서 하늘나라에 가려고 하는 사람이 많습니다. 천국은 절대로 우리 행위로 가는 것이 아닙니다. 예수님이 우리 죄를 씻으신 것을 믿음으로 갑니다.

예수님이 십자가에 못박히셨지만 교회에 다니는 정말 많은 사람들이 아직도 죄인으로 남아 있습니다. 우리가 죄를 씻으려고 해야 하는 것이 아닙니다. 예수님이 십자가에 못박혀서 우리 죄를 이미 씻어 놓으신 것을 믿는 믿음이 필요합니다. 우리가 죄를 씻어서 의롭게 되는 것은 예수님이 십자가에 흘리신 피만으로 충분합니다. 십자가에서 우리 모든 죄가 영원히 씻어졌습니다. 죄를 씻어 달라고 기도하지 말고 씻어졌다는 하나님의 말씀을 믿으십시오. 그것이 올바른 믿음이요, 참된 신앙입니다.

십자가를 바라보면서 죄인이라고 한다면 그것처럼 예수님을 모욕하는 일이 없습니다. 예수님이 십자가에 못박히셨지만 우리 죄를 다 씻지 못했다는 말이기 때문입니다. 그렇지 않습니다. 예수님은 우리 모든 죄를 영원히 씻으셨습니다. 하나님이 다시는 죄로 인해 우리를 벌하시지 않습니다. 십자가에서 우리 형벌이 온전히 끝났습니다.

살다 보면 우리가 실수할 수도 있고 잘못할 수도 있습니다. 그 사실을 아시는 하나님은 우리 죄를 한꺼번에 영원히 끝내셨습니다.

"이 뜻을 좇아 예수 그리스도의 몸을 단번에 드리심으로 말미암아 우리가 거룩함을 얻었노라. 제사장마다 매일 서서 섬기며 자주 같은 제사를 드리되 이 제사는 언제든지 죄를 없게 하지 못하거니와 오직 그리스도는 죄를 위하여 한 영원한 제사를 드리시고 하나님 우편에 앉으사 그 후에 자기 원수들로 자기 발등상이 되게 하실 때까지 기다리시나니, 저가 한 제물로 거룩하게 된 자들을 영원히 온전케 하셨느니라."(히 10:10~14)

이 사실을 마음에 믿음으로 받아들일 때 우리가 의롭고 거룩하게 되며, 삶에 한없는 하나님의 은혜와 축복이 넘칩니다.

율법을 읽고 지키는 것이 성경적인가?

우리나라에서 펴낸 찬송가에는 뒤쪽에 십계명이 적혀 있습니다.

네 앞에 다른 신을 두지 말라. 너를 위해 우상을 만들지 말라. 여호와의 이름을 망령되이 일컫지 말라. 안식일을 거룩하게 지켜라. 부모를 공경하라. 살인하지 말라. 간음하지 말라. 도둑질하지 말라. 거짓 증거하지 말라. 이웃의 것을 탐내지 말라.

많은 교회에서 주일 예배를 드릴 때 십계명을 봉독합니다. 이렇게 하는 것이 성경적입니까? 율법을 읽고 율법을 지켜야 합니까? 그것은 하나님이 율법을 주신 목적과 다릅니다. 우리가 율법을 지켜서 하늘의 복을 받는 것이 아니라 예수님의 희생을 믿음으로 값 없이 복을 받습니다. 성경은 우리 행위를 이야기하는 것이 아니라 하나님의 은혜를 이야기합니다. 예수 그리스도의 피 외에 다른 것으로는 구원을 받을 수 없고 우리가 의롭게 될 수 없습니다.

26강

새 언약을 세우신 예수님

"어떤 사람들이 유대로부터 내려와서 형제들을 가르치되 '너희가 모세의 법대로 할례를 받지 아니하면 능히 구원을 얻지 못하리라' 하니 바울과 바나바와 저희 사이에 적지 아니한 다툼과 변론이 일어난지라. 형제들이 이 문제에 대하여 바울과 바나바와 및 그 중에 몇 사람을 예루살렘에 있는 사도와 장로들에게 보내기로 작정하니라. … 예루살렘에 이르러 교회와 사도와 장로들에게 영접을 받고 하나님이 자기들과 함께 계셔 행하신 모든 일을 말하매 바리새파 중에 믿는 어떤 사람들이 일어나 말하되 '이방인에게 할례 주고 모세의 율법을 지키라 명하는 것이 마땅하다' 하니라. 사도와 장로들이 이 일을 의논하러 모여 많은 변론이 있은 후에 베드로가 일어나 말하되 '형제들아, … 하나님이 우리에게와 같이 저희에게도 성령을 주어 증거하시고 믿

음으로 저희 마음을 깨끗이 하사 저희나 우리나 분간치 아니하셨느니 라. 그런데 지금 너희가 어찌하여 하나님을 시험하여 우리 조상과 우리도 능히 메지 못하던 멍에를 제자들의 목에 두려느냐? 우리가 저희와 동일하게 주 예수의 은혜로 구원받는 줄을 믿노라' 하니라."(행 15:1~11)

여전히 율법을 지켜야 한다고 생각하는 이들이 있었다

사도행전 15장은 당시에 안디옥 교회에서 어떤 일이 일어났는지 이야기하고 있지만, 한편으로는 사람의 마음이 어떻게 흘러가는지 보여 줍니다.

유대인들은 율법을 지키지 못하면서도, 자신들은 할례를 받고 하나님이 주신 율법을 지키며 사는 선택받은 민족이라고 생각했습니다. 나중에 예수님을 믿어서 구원받은 뒤에도 구원은 유대인만 받는 것이라고 생각하여 이방인에게는 복음을 전하려고 하지 않았습니다. 베드로가 이방인인 고넬료에게 복음을 전한 뒤 예루살렘에 갔을 때 할례 받은 성도들이 '네가 무할례자의 집에 들어가서 함께 먹었다' 하며 베드로를 힐난했습니다. 베드로가 성령의 인도로 고넬료의 집에 가게 되었고, 또 그 집에서 말씀을 듣던 사람들에게 성령이 임하는 것을 보았다고 하며, 이렇게 말했습니다.

"그런즉 하나님이 우리가 주 예수 그리스도를 믿을 때에 주신 것과 같은 선물을 저희에게도 주셨으니, 내가 누구관대 하나님을 능히 막겠느냐?"

그제야 베드로를 힐난하던 자들이 잠잠해지며 "그러면 하나님께서 이방인에게도 생명 얻는 회개를 주셨도다." 했습니다.

이방인은 율법을 전혀 지키지 않았을 뿐 아니라 율법을 알지도 못하던 사람들이었습니다. 그런데 하나님께서 구원을 받게 하셨고 그들에게도 성령이 임했다는 사실을 예루살렘에 있던 유대인 성도들이 듣고 알았습니다. 그런데도 여전히 율법을 지켜야 한다고 생각하는 이들이 있었습니다. 그들이 이방인이 모이는 안디옥 교회로 가서 모세의 법대로 할례를 받아야 구원을 받는다고 가르쳤습니다.

계속 율법을 어겼고, 계속 죽임을 당했다

율법은 BC 1491년에 내려왔습니다. 이스라엘 백성이 애굽에서 나와 가나안 땅으로 가다가 시내산에 이르렀을 때, 하나님이 모세를 시내산으로 올라오게 하여 십계명이 새겨진 두 개의 돌판을 주셨습니다. 하나님이 이스라엘 백성에게 십계명과 율법을 주실 때 그들에게 '너희가 내 법을 잘 지키면 제사장 나라가 되고 복을 받는다'고 하셨습니다. 그때 이스라엘 백성이 '우리가 여호와의 명령을 다 지키겠다'고 했습니다. 그래서 하나님이 십계명과 율법을 주셨습니다.

신명기 28장에서 율법에 관하여 이렇게 이야기하고 있습니다.

"네가 네 하나님 여호와의 말씀을 순종하면 이 모든 복이 네게 임하며 네게 미치리니, 성읍에서도 복을 받고 들에서도 복을 받을 것이며 네 몸의 소생과 네 토지의 소산과 네 짐승의 새끼와 우양의 새끼가 복을 받을 것이며 네 광주리와 떡반죽 그릇이 복을 받을 것이며 네가 들어와도 복을 받고 나가도 복을 받을 것이니라."(신 28:2~6)

하나님의 법을 지키면 모든 복이 임한다고 했습니다. 반대로 어기면 모든 저주가 임한다고 했습니다.

"네가 만일 네 하나님 여호와의 말씀을 순종하지 아니하여 내가 오늘날 네게 명하는 그 모든 명령과 규례를 지켜 행하지 아니하면 이 모든 저주가 네게 임하고 네게 미칠 것이니, 네가 성읍에서도 저주를 받으며 … 네 몸의 소생과 네 토지의 소산과 네 우양의 새끼가 저주를 받을 것이며 네가 들어와도 저주를 받고 나가도 저주를 받으리라." (신 28:15~19)

이스라엘 백성이 율법을 지키겠다고 약속했지만 실제로 그렇게 했습니까? 모세가 십계명이 기록된 돌판을 들고 내려왔을 때 어떤 일이 벌어졌습니까? 이스라엘 백성들이 금송아지를 만들어서 섬겼습니다. 모세가 시내산에 올라가서 40일 동안 소식이 없자 산 아래 있던 백성들이 생각했습니다. '저 산에는 먹을 것도 없고 물도 없는데 어떻게 40일을 지내겠어? 죽었을 거야. 그러니 우리를 인도할 신을 만들자.' 아론이 그들에게 금목걸이, 금반지 등을 가져오라고 하여 금으로 송아지를 만들었습니다. 그리고 "이것이 너희를 애굽에서 인도한 신이다."라고 했습니다. 백성들의 마음을 모을 구심점이 필요했기 때문에 아론이 그렇게 했습니다. 그들을 인도한 분은 하나님인데 그들은 하나님이 아닌 금송아지를 만들어서 섬겼습니다.

모세가 십계명이 적힌 돌판을 두 팔로 들고 내려오다가 보니, 이스라엘 백성들이 금송아지에게 제사를 드리고 그 앞에서 춤추고 노래하고 있었습니다. 모세가 그 광경을 보고 들고 있던 돌판을 집어던져 깨트려버렸습니다. 십계명이 내려온 그날 '네 앞에 다른 신을 두지 말라'는 계명과 '우상을 만들지 말라'는 계명을 어겨서 3천 명이 죽임을 당했습니다. 그 후로도 이스라엘 백성들은 계속 율법을 어겼고 계속 죽임을 당했습니다. 안식일에 나무하다가 죽고, 간음하다가 죽고, 하나님을 원망하다가 죽고…. 율법에는 긍휼이나 자비가 없기 때문에 어기면 저주를 받아야 했습니다.

사실, 법은 어기는 사람이 없으면 필요가 없습니다. 간음하는 사람이 있기 때문에 간음하지 말라는 법이 있고, 거짓말하는 사람이 있기 때문에 거짓말하지 말라는 법이 있습니다. 아무도 도둑질하지 않는다면 도둑질하지 말라는 법은 있으나마나입니다. 그러니까 법이 있다는 것은 인간이 이미 그런 죄를 짓고 있다는 말입니다. 죄를 좋아한다는 이야기입니다.

갈라디아서 3장 19절에서 **"그런즉 율법은 무엇이냐? 범법함을 인하여 더한 것이라."**라고 했습니다. 인간에게 율법이 주어진 것은 인간이 이미 그런 죄를 짓고 있다는 말입니다. 죄를 짓고 싶은 마음을 가진 인간이 어떻게 죄를 짓지 않을 수 있겠습니까? 겉으로 드러내지 않을 수 있을지는 모르지만 속에서 올라오는 욕망을 없앨 수는 없습니다. 법이 왔다는 사실은 인간이 이미 죄를 지었고 심판을 받을 수밖에 없다는 사실을 보여 줍니다.

새 언약을 세우리라

이스라엘 백성이 하나님이 주신 법을 지켜서 복을 받겠다고 약속했지만 그 약속은 쓸모없는 것이 되었습니다. 율법을 다 지킬 수 있는 사람은 아무도 없었기 때문입니다. 시험은 99점을 맞으면 실력이 아주 좋지만, 율법은 100개 중에 99개를 지키고 하나를 어겨도 저주를 받아야 합니다. 모든 율법을 항상 지켜야 복을 받습니다. 그렇게 할 수 있는 사람은 아무도 없습니다.

"무릇 율법 행위에 속한 자들은 저주 아래 있나니, 기록된바 '누구든지 율법 책에 기록된 대로 온갖 일을 항상 행하지 아니하는 자는 저주 아래 있는 자라' 하였음이라."(갈 3:10)

하나님은 인간이 율법을 지켜서 복을 받을 수 없다는 사실을 아시기 때문에 새 법을 세우려고 하셨습니다. 예레미야 31장 31절에서 하나님이 말씀하셨습니다.

"나 여호와가 말하노라. 보라, 날이 이르리니 내가 이스라엘 집과 유다 집에 새 언약을 세우리라."(렘 31:31)

옛 언약은 십계명, 율법입니다. 율법은 사람을 정죄하고 심판하지 은혜를 베풀거나 구원하지 못합니다. 그렇기 때문에 율법으로 사람을 다스리면 모두 멸망을 당할 수밖에 없습니다. 하나님은 그 법을 밀어내고 새 법을 세우겠다고 말씀하셨습니다.

"나 여호와가 말하노라. 이 언약은 내가 그들의 열조의 손을 잡고 애굽 땅에서 인도하여 내던 날에 세운 것과 같지 아니할 것은, 내가 그들의 남편이 되었어도 그들이 내 언약을 파하였음이니라."(렘 31:32)

하나님이 이스라엘 백성을 애굽에서 인도해 내실 때 세워진 '율법을 지켜서 복을 받는다'는 언약은 인간이 어겨서 깨졌습니다.

"나 여호와가 말하노라. 그러나 그날 후에 내가 이스라엘 집에 세울 언약은 이러하니, 곧 내가 나의 법을 그들의 속에 두며 그 마음에

기록하여 나는 그들의 하나님이 되고 그들은 내 백성이 될 것이라."(렘 31:33)

첫 언약은 돌판에 새겼습니다. 네 부모를 공경하라, 살인하지 말라, 간음하지 말라, 도둑질하지 말라…. 돌판에 부모를 공경하라고 새겨져 있지만 마음에서는 자꾸 잔소리하는 부모가 밉습니다. 돌판에 간음하지 말라고 새겨져 있지만 사람들 속에서 음란한 마음이 계속 일어납니다. 탐내지 말라고 되어 있지만 남의 물건이 탐이 납니다. 율법과 인간의 마음이 다르기 때문에, 율법을 어기는 줄 알면서도 사람들이 살인하고 간음하고 도둑질하고 탐내고 거짓말합니다. 율법에 간음하지 말라고 했기 때문에 간음하지 않는 것이 아니고, 간음하고 싶으면 간음합니다. 도둑질하지 말라고 했지만 탐나면 도둑질합니다.

돌판에 기록한 법과 인간의 마음이 맞지 않으니까 사람들이 자꾸 법을 어깁니다. 이제 법을 마음에 기록해 놓으면 마음에서부터 죄를 짓고 싶지 않습니다. 그래서 하나님은 우리 마음에 법을 기록하려고 하셨습니다. 그러면 우리가 하나님을 잘 섬길 것입니다.

지금도 율법을 따라서 죄를 짓지 않으려고 하는 사람이 많습니다. 저도 오랫동안 그렇게 살았습니다. 어느 날 하나님께서 약속대로 내 마음에 새 법을 기록하셨습니다. 하나님의 법이 마음에 기록된 뒤 삶이 중심에서부터 달라졌습니다.

"그들이 다시는 각기 이웃과 형제를 가리켜 이르기를 '너는 여호와를 알라' 하지 아니하리니, 이는 작은 자로부터 큰 자까지 다 나를 앎이니라. 내가 그들의 죄악을 사하고 다시는 그 죄를 기억지 아니하

리라. 여호와의 말이니라."(렘 31:34)

하나님이 첫 번째 언약을 새 언약으로 바꾸겠다고 하셨습니다. 첫 번째 언약은, 지키면 복을 받고 어기면 저주를 받는 율법이었습니다. 새 언약은, 하나님께서 우리 죄악을 사하시고 그 죄를 다시는 기억지 않겠다는 약속입니다. 날이 이르면 하나님이 새 언약을 세운다고 하셨습니다.

새 언약을 쓰신 예수님

요한복음 8장에서 예수님이 성전에서 백성들을 가르치고 계셨습니다. 그때 서기관들과 바리새인들이 간음하다가 잡힌 여자를 끌고 와서 예수님에게 물었습니다.

"선생이여, 이 여자가 간음하다가 현장에서 잡혔습니다. 모세는 율법에 이러한 여자를 돌로 치라 명하였는데, 선생은 어떻게 말하겠나이까?"

죄인을 구원하러 왔다고 말하는 예수님에게 '네가 정말 구원자라면 죄에 빠진 이 여자를 한번 구원해 봐라'라고 시험한 것입니다. 예수님이 여자를 돌로 치라고 말하면 죄인을 구원하러 왔다는 말이 거짓이고, 치지 말라고 하면 하나님이 모세를 통해 주신 율법을 어기는 것이 됩니다. 이래도 걸리고 저래도 걸리고, 서기관들과 바리새인들은 꼼짝없이 걸릴 올무를 예수님 앞에 놓았다고 생각했을 것입니다.

간음하다가 잡힌 여자를 모세의 법으로 판결하면 돌에 맞아 죽어야 했습니다. 예수님은 여자를 살리시기 위해 법을 바꾸셔야 했습니다. 서기관들과 바리새인들이 여자에 대해 어떻게 말하겠느냐고 물을 때 예수님은 아무 말씀도 하시지 않고 손가락으로 땅에 무언가 쓰셨습니다.

"… 예수께서 몸을 굽히사 손가락으로 땅에 쓰시니"(요 8:6)

그들이 계속 묻자, 일어나서 "너희 중에 죄 없는 자가 먼저 돌로 쳐라." 하시고는 다시 몸을 굽혀 손가락으로 땅에 쓰셨습니다.

"저희가 묻기를 마지아니하는지라. 이에 일어나 가라사대 '너희 중에 죄 없는 자가 먼저 돌로 치라' 하시고, 다시 몸을 굽히사 손가락으로 땅에 쓰시니"(요 8:7~8)

첫 번째 법인 십계명은 하나님이 돌판에 친히 쓰셨습니다.

"여호와께서 시내산 위에서 모세에게 이르시기를 마치신 때에 증거판 둘을 모세에게 주시니 이는 돌판이요, 하나님이 친히 쓰신 것이더라."(출 31:18)

두 번째 법인 새 언약은 예수님이 땅에 쓰셨습니다. 땅은 인간을 가리킵니다. 하나님의 법을 인간의 마음에 기록하신 것입니다.

"내가 그들의 죄악을 사하고 다시는 그 죄를 기억지 아니하리라."

이것이 새로운 법입니다. 율법으로는 간음한 여자를 살릴 수 없기 때문에 예수님이 손가락으로 땅에 글씨를 쓰셨습니다. 법을 바꾸신 것입니다.

첫 번째 언약은 주체가 인간이었습니다. 인간이 율법을 지키면 복을 받고 율법을 어기면 저주를 받았습니다. 복과 저주가 인간에게 달려 있었습니다. 두 번째 언약은 주체가 하나님입니다. 하나님이 이루신 일로 우리가 복을 받습니다. 하나님이 우리 죄악을 사하시고, 하나님이 우리 죄를 기억하시지 않습니다.

간음하다가 잡힌 여자를 율법으로 재판하면 돌에 맞아 죽어야 합니다. 예수님은 새 언약을 세우셨고, "내가 그들의 죄악을 사하고 다시는 그 죄를 기억지 아니하리라."라는 법으로 여자를 재판하셨습니다. 여자의 죄는 사해졌고, 하나님은 그 죄를 다시 기억하시지 않습니다. 예수님이 여자에게 '나도 너를 정죄하지 않는다'고 말씀하셨습니다.

"저희가 묻기를 마지아니하는지라. 이에 일어나 가라사대 '너희 중에 죄 없는 자가 먼저 돌로 치라' 하시고 다시 몸을 굽히사 손가락으로 땅에 쓰시니, 저희가 이 말씀을 듣고 양심의 가책을 받아 어른으로 시작하여 젊은이까지 하나씩 하나씩 나가고 오직 예수와 그 가운데 섰는 여자만 남았더라. 예수께서 일어나사 여자 외에 아무도 없는 것을 보시고 이르시되 '여자여, 너를 고소하던 그들이 어디 있느냐? 너를 정죄한 자가 없느냐?' 대답하되 '주여, 없나이다.' 예수께서 가라사대 '나도 너를 정죄하지 아니하노니 가서 다시는 죄를 범치 말라' 하시니라."(요 8:7~11)

목사님은 죄를 하나도 안 지었습니까?

간음한 여자를 율법으로 재판하면 돌에 맞아 죽어야 하고, 새 언약으로 재판하면 죄가 사해졌습니다. 지금도 율법을 지키려고 애쓰는 사람들이 있습니다. 그들이 겉으로는 선하게 사는 것처럼 보일지 모르지만 율법 아래에 있으면 저주를 받을 수밖에 없습니다.

"무릇 율법 행위에 속한 자들은 저주 아래 있나니…"(갈 3:10)

율법은 우리가 잘했는지 못했는지를 따지지만 새 언약은 우리 행위와 전혀 상관이 없습니다. 예수님이 우리를 위해서 어떤 일을 이루셨는지를 이야기합니다.

예레미야 31장 31절에서 하나님은 '날이 이르면 새 언약을 세울 것'이라고 말씀하셨고, 예수님은 율법 시대를 끝내고 새 언약의 시대를 열었습니다. 우리가 율법대로 심판을 받으면 저주를 받고 멸망을 당해야 합니다. 그러나 새 언약으로 재판하면 죄가 사해졌고 의로워졌습니다.

언젠가 제가 도미니카에 갔을 때 목회자 모임에 참석했습니다. 제가 강대상에서 말씀을 전하면서 "나는 의롭습니다."라고 하자 목회자들이 깜짝 놀랐습니다. 몇몇 목사님이 저에게 물었습니다.

"목사님, 질문이 있습니다."

"예, 하십시오."

"목사님은 죄를 하나도 안 지었습니까? 도둑질도 전혀 안 하고 거짓말도 한 번도 안 하셨습니까?"

"나는 거짓말을 셀 수 없이 많이 했습니다. 도둑질도 정말 많이 했고요."

"그런데 어떻게 의롭습니까? 죄를 지었으면 죄인 아닙니까?"

"나는 잘 몰라요. 성경에 보니, 하나님이 나를 보고 의롭다고 하셨어요. 하나님이 의롭다고 하시면 내가 의로운 것 아니에요?"

"누가 능히 하나님의 택하신 자들을 송사하리요, 의롭다 하신 이는 하나님이시니."(롬 8:33)

목사님들이 할 말을 잃었습니다. 제가 예수님의 피로 우리 죄가 어떻게 씻어졌는지 성경 말씀들을 찾아서 자세히 이야기해 주었습니다. 그러자 그분들이 깜짝 놀라면서 "목사님, 우리도 의롭습니다." 하며 기쁨과 감격에 젖었습니다.

예수님이 우리 죄를 씻으신 것이 얼마나 감사합니까! 우리가 그 복음을 전하며 사는 것은 얼마나 영광스럽습니까! 저는 죽는 그날까지 이 복음을 전하다가 죽으려고 합니다.

새 언약의 시대가 열리고 율법 시대는 지나갔다

사도행전 15장에서 유대에서 온 어떤 사람들이 안디옥 교회 성도들에게 율법을 지켜야 구원받을 수 있다고 가르쳤습니다. 예수님이 율법 시대를 끝내고 새 언약의 시대를 여셨지만 그들은 율법을 지켜야 한다는 생각을 여전히 버리지 못했습니다. 그러나 율법 아래 있으면 누구든지 저주를 받을 수밖에 없습니다. 우리는 예수님이 세우신 새 언약 아래서 죄를 다 씻음 받아서 의롭게 되었고, 죄에서 벗어나서 자유롭게 되었습니다. 말할 수 없는 하나님의 은혜와 영광을 얻은 자가 되었습니다.

오늘날 이 세상에 셀 수 없이 많은 기독교인이 있습니다. 그 많은 사람들이 두 가지 법 아래 있습니다. 예수님이 세우신 새 언약 아래 있는 사람도 있고, 아직도 율법을 지켜서 의롭게 되고 복을 받으려고 하는 사람도 있습니다. 율법은 우리를 의롭게 해주는 법이 아니며 살리는 법도 아닙니다. 성경은 율법을 '죄와 사망의 법'이라고 했습니다. 율법은 죄를 깨닫게 하고 사망의 심판을 가져다줍니다. 새 언약의 시대가 열리면서 율법 시대는 이미 지나갔습니다. 안타까운 사실은 그런데도 사람들이 여전히 율법 아래 있으려고 합니다.

"그러므로 이제 그리스도 예수 안에 있는 자에게는 결코 정죄함이 없나니, 이는 그리스도 예수 안에 있는 생명의 성령의 법이 죄와 사망의 법에서 너를 해방하였음이라."(롬 8:1~2)

예수님이 세우신 새 언약인 '생명의 성령의 법'이 '죄와 사망의 법'인 율법에서 우리를 해방했습니다. 예수 그리스도 안에 있는 사람에게는 결코 정죄가 없습니다. 우리가 선하게 살아서 의롭게 되고 죄와 심판에서 벗어난 것이 아니라, 예수님이 우리 죄를 다 씻으신 사실을 믿음으로 의롭게 되고 죄와 심판에서 벗어났습니다. 이제 이렇게 말하십시오. "나는 율법으로 재판을 받지 않겠습니다. 새 언약으로 재판을 받겠습니다." 율법으로 재판하면 죽음이지만, 새 언약으로 재판하면 무죄이며 의롭습니다. 하나님은 우리를 옛 법이 아닌 새 법으로 판결하십니다.

"모든 사람이 죄를 범하였으매 하나님의 영광에 이르지 못하더니, 그리스도 예수 안에 있는 구속으로 말미암아 하나님의 은혜로 값 없이 의롭다 하심을 얻은 자 되었느니라."(롬 3:23~24)

27강

마게도냐로 건너와서 우리를 도우라

"수일 후에 바울이 바나바더러 말하되 '우리가 주의 말씀을 전한 각 성으로 다시 가서 형제들이 어떠한가 방문하자' 하니, 바나바는 마가라 하는 요한도 데리고 가고자 하나 바울은 밤빌리아에서 자기들을 떠나 한가지로 일하러 가지 아니한 자를 데리고 가는 것이 옳지 않다 하여 서로 심히 다투어 피차 갈라서니, 바나바는 마가를 데리고 배 타고 구브로로 가고 바울은 실라를 택한 후에 형제들에게 주의 은혜에 부탁함을 받고 떠나 수리아와 길리기아로 다녀가며 교회들을 굳게 하니라."(행 15:36~41)

안디옥 교회에서 일어난 율법 논쟁이 끝나고, 바울이 바나바에게 처음 전도 여행 때 말씀을 전한 각 성으로 가서 형제들이 어떠한지 돌아보자고 했습니다. 그러자 바나바가 마가 요한도 함께 데리고 가자고 했습니다. 바울은, 1차 전도 여행 때 밤빌리아 지방에서 자기 생각을 따라서 예루살렘으로 돌아간 마가를 데리고 가는 것이 옳지 않다고 했습니다. 그 일로 바울과 바나바가 심히 다투어 두 사람이 서로 갈라섰습니다. 바나바는 마가와 함께 구브로(키프로스)로 가고, 바울은 실라와 함께 육로로 소아시아(지금의 터키)로 갔습니다.

모든 일이 하나님의 섭리 가운데 있어서

우리가 신앙생활을 하다 보면, 다른 형제와 의견이 맞지 않아서 속이 상할 때도 있고 서로 다툴 때도 있습니다. 그 모든 일이 하나님의 섭리 가운데 있어서 하나님의 뜻을 이룹니다. 스데반의 죽음을 기점으로 시작된 심한 핍박이 성도들을 괴롭게 만든 것처럼 보였지만 그로 인해 하나님의 뜻이 이루어졌습니다.

예수님이 부활하신 뒤 제자들에게 성령이 임하면 예루살렘과 온 유대와 사마리아와 땅끝까지 이르러 예수님을 전하는 증인이 될 것이라고 말씀하셨습니다. 그런데 사도들과 구원받은 성도들이 예루살렘에만 모여 있었습니다. 그들이 온 유대와 사마리아, 그리고 이방인들이 사는 땅까지 가서 복음을 전하려면 예루살렘을 떠날 수밖에 없는 계기가 필요했습니다. 그것이 스데반의 일로 일어난 극심한 핍박이었습니다. 예루살렘에 머물러 있으면 사로잡혀서 옥에 갇히거나 죽을 수도 있기 때문에 사도들을 제외하고는 성도들이 다 예루살렘을 떠났습니다. 그들이 유대 땅 곳곳으로 흩어져서 복음을 전했고, 어떤 이들은 사마리아에 가서 복음을 전했으며, 어떤 이들은 이스라엘을 떠나서 이방인에게 복음을 전했습니다. 그로 말미암아 안디옥 교회가 형성되었습니다.

안디옥 교회를 발판으로 사도 바울이 소아시아와 유럽 땅에 복음을 전했고, 나중에는 로마에 가서 복음을 전했습니다. 로마를 중심으로 복음이 유럽 곳곳으로 퍼져나갔고, 훗날 신앙의 자유를 찾아서 신대륙으로 옮겨간 사람들이 세운 나라 미국에서 수많은 선교사들이 일어나서 전 세계에 복음이 전해졌습니다.

복음이 땅끝까지 전해지는 것이 하나님의 뜻이었기 때문에

바울과 바나바가 다투어 갈라서면서, 형제들을 돌아보고 복음을 전하기 위해 각기 전도 여행을 떠났습니다. 바울은 실라와 함께 안디옥에서 출발하여 육지 길로 행해서 더베와 루스드라에 이르렀습니다. 루스드라에 '디모데'라는 신실한 형제가 있어서 전도 여행에 동행하게 했습니다. 바울이 여러 성으로 다니면서 교회를 돌아보아 교회들이 믿음이 굳건해지고 구원받는 사람이 날마다 더해졌습니다.

그런데 성령이 바울이 소아시아에서 말씀을 전하지 못하게 막았습니다. 바울과 일행이 서쪽으로 걸음을 옮겨 브루기아 지방과 갈라디아 지방을 거쳐, 에게해海를 접하고 있는 무시아 지방에 이르렀습니다. 그곳에서 북쪽에 있는 비두니아 지방으로 가려고 애썼지만 성령이 허락하지 않았습니다. 바울 일행이 에게해 연안의 항구 도시인 드로아에 이르렀을 때 밤에 바울에게 환상이 보였습니다. 에게해 건너편에 있는 마게도냐 지방 사람 하나가 서서 바울에게 "마게도냐로 건너와서 우리를 도우라."라고 부탁했습니다. 바울이 이 환상을 본 뒤에 곧 소아시아를 떠나서 마게도냐 지방으로 가기로 했습니다.

"바울이 이 환상을 본 후에 우리가 곧 마게도냐로 떠나기를 힘쓰니, 이는 하나님이 저 사람들에게 복음을 전하라고 우리를 부르신 줄로 인정함이러라."(행 16:10)

하나님이 바울의 발걸음을 유럽으로 인도하셨습니다. 복음이 땅 끝까지 전해지는 것이 하나님의 뜻이었기 때문입니다. 바울이 마게도냐 지방에 이르러 빌립보와 데살로니가 등에 교회가 세워졌고, 다시 남쪽의 아가야 지방으로 내려가서 아덴과 고린도와 겐그레아 등에서 복음을 전했습니다. 1차 전도 여행으로 소아시아 땅에 교회들이 세워졌고, 2차 전도 여행을 통해서는 마게도냐 지방과 아가야 지방에 교회들이 세워졌습니다. 이처럼 하나님이 복음의 지경을 넓히시는 것이 정말 감사합니다.

복음을 가나 사람도 들어야 합니다!

저는 1989년에 처음으로 해외에 나가서 복음을 전했습니다. 그 전에는 우리나라에서 일반 국민에게 여권을 발급해주지 않았습니다. 1988년 서울 올림픽 이후에 45세 이상인 국민은 여권을 발급받을 수 있었습니다. 저도 아내와 함께 여권을 만들고 1989년 봄에 미국 비자를 받아서 LA를 방문해 복음을 전했습니다. 그해 가을에는 독일 베를린을 방문해서 복음을 전했습니다. 그때부터 선교사를 보내기 시작했습니다.

1994년에는 아프리카 선교를 시작했습니다. 1993년에 우리나라에서 열린 엑스포에 참석한 케냐 사람들이 어렵게 지내는 것을 우리가 도와준 일을 계기로 케냐 상공부 장관과 만나게 되었고, 1994년에 상공부 장관이 저를 케냐로 초청했습니다. 1994년 8월에 케냐 나이로비에 도착해서 큰 운동장에 모인 아프리카 사람들에게 처음으로 복음을 전했습니다. 돌아와서 김종덕 목사와 윤종수 목사를 케냐에 선교사로 보냈습니다.

이듬해에 다시 케냐를 방문하려고 준비하고 있는데 독일에 있는 사무엘 형제가 저에게 전화를 했습니다. 사무엘은 제가 케냐를 처음 방문했을 때 독일에서 만났던 형제입니다. 1994년에 케냐로 갈 때 독일 프랑크푸르트를 경유했는데, 그곳에 있던 권오선 선교사가 저를 괴팅겐이라는 도시로 데리고 갔습니다. 괴팅겐에 있는 어느 예배당에 들어가니 아프리카 가나에서 온 사람들이 모여서 예배를 드리고 있었습니다. 아프리카 사람들이 예배드리는 광경을 그때 처음 보았습니다. 사람들이 예배당을 걸어다니면서 "할렐루야" 하며 춤을 추고 찬송을 불렀습니다. 그날 제가 성경 말씀을 전했습니다. 그 모임이 정말 좋았습니다.

시간이 흘러 1995년에 제가 케냐에 다시 가려고 하는데 사무엘 형제가 전화를 했습니다.

"목사님, 저는 독일 괴팅겐에 있는 사무엘입니다. 올해도 목사님께서 케냐에 가신다고 들었습니다."

"예, 케냐에 가려고 준비하고 있습니다."

"목사님, 케냐에만 가지 말고 가나에도 가주십시오."

"형제님, 미안한데 내가 가나에 갈 시간이 없습니다."

제 일정은 몇 달 전에 이미 다 짜여 있기 때문에 제가 가나에 갈 시간을 낼 수 없었습니다. 부탁하는 형제에게 미안했지만 어쩔 수 없었습니다. 그렇게 일이 마무리되는 줄 알았는데 사무엘 형제한테서 다시 전화가 왔습니다.

"목사님, 목사님이 전하시는 복음을 가나 사람도 들어야 합니다! 가나에 가주십시오."

"형제님, 정말 미안한데 내가 가나에 갈 시간이 없습니다."

다시 통화를 마쳤습니다. 얼마 뒤 사무엘 형제가 다시 전화를 했습니다.

"목사님, 가나에 꼭 가주십시오. 가나는 케냐보다 복음을 전하기 더 좋은 나라입니다."

세 번째 부탁을 받고 더이상 거절할 수 없어서 가겠다고 했습니다. 이미 짜인 일정들을 다 바꾸어 가나를 방문할 시간을 만들었습니다.

1995년 9월, 동부 아프리카에 있는 케냐에 갔다가 바로 서부 아프리카에 있는 가나로 향했습니다. 처음 밟아보는 서부 아프리카 땅이었습니다. 독일에 사는 사무엘 형제는 제가 가나에 가는 것이 너무 좋아서 머물 집과 타고 다닐 차를 준비해 놓고, 아내인 테레사 자매를 가나로 보냈습니다. 테레사 자매는 우리가 먹을 음식은 물론 그릇과 포크까지 독일에서 사가지고 와서 우리를 섬겼습니다.

가나 곳곳을 다니면서 복음을 전했습니다. 사무엘 형제 부부의 가족과 친척을 비롯해 많은 사람들에게 복음을 전했습니다. 가나 사람들은 케냐 사람들보다 더 순수했습니다. 복음을 전하면 마음에 그대로 받아들여서 가는 곳마다 구원받는 사람들이 일어났습니다. 얼마나 기쁘고 감사했는지 모릅니다. 가나에 오길 너무 잘했다는 마음이 들고, 가나에 오는 것이 하나님의 뜻이었다는 마음이 들었습니다. 구원받은 사람들이 교회를 세워주길 간절히 소망해서, 10월에 이준현 선교사를 가나로 파송했습니다.

가난한 삶이 고통스럽게 만든 것이 아니라 기도하게 했다

하나님이 우리 인생길을 인도하십니다. 우리는 자신이 생각할 수 있는 범위 안에서 신앙생활을 하고 복음을 전하려고 하지만 하나님은 당신의 뜻을 따라서 우리를 이끄십니다.

제가 구원받고 복음 전도자의 길을 걷기 시작한 뒤 초기에는 형편이 어려울 때가 많았습니다. 자주 먹을 양식이 떨어지고 연탄이 떨어졌습니다. 차비가 없어서 먼 거리도 걸어다녀야 했습니다. 혼자 살 때에는 그래도 괜찮았는데 결혼한 뒤에는 먹을 것이 떨어지고 겨울에 연탄이 떨어지면 아내 얼굴 보기가 미안했습니다. 그래서 저녁 예배를 마치고 성도들이 집으로 돌아가면 저는 집으로 가지 않고 혼자 예배당에 남아 문을 걸어 잠그고 기도했습니다.

“하나님, 먹을 것이 다 떨어졌습니다. 양식을 주십시오. 하나님, 겨울인데 연탄이 없어서 찬 방에서 자고 있습니다. 연탄을 주십시오. 하나님, 꼭 필요한 일에 쓸 돈이 없습니다.”

기도하다 보면 기도가 점점 깊어지면서 제가 예배당 바닥에 앉아 있는 것이 아니라 하나님 앞에 앉아서 이야기하는 것 같은 느낌이 들었습니다. 내가 세상에 사니까 쌀도 필요하고 연탄도 필요하고 돈도 필요하지, 하나님과 같이 앉아서 이야기하다 보면 그런 것들이 아무 필요가 없는 것처럼 느껴졌습니다. 제가 하는 기도가 달라졌습니다. 생각지도 않았던 일을 간구했습니다.

“하나님, 남태평양에 있는 많은 섬들에는 어떤 사람들이 살고 있습니까? 그들은 어떤 옷을 입고, 무얼 먹고, 어떻게 삽니까? 하나님, 거기에 누가 가서 복음을 전하죠? 하나님, 우리가 그곳에 선교사를 보낼 수 있게 도와주십시오. 아프리카에 있는 그 많은 나라들에 사는 사람들은 어디서 평안을 얻고 기쁨을 얻으며, 어떻게 죄에서 벗어나서 밝고 거룩한 삶을 살 수 있겠습니까? 그들에게 복음을 전하도록 책을 출판하게 해주십시오. 방송국을 세우게 해주십시오. 선교사를 보내게 해주십시오.”

한참을 그렇게 기도했습니다. 기도하고 나서 눈을 떠보니 몹시 추운 예배당 한구석이었습니다. 배가 고팠습니다. 내가 한 기도를 생각하니 너무 우스웠습니다.

‘먹을 밥 한 그릇 없는 사람이 방송국을 세워? 책을 출판해? 아프리카는 물론이고 남태평양에 있는 섬나라에까지 선교사를 보내? 진짜 웃기는 이야기다.’

그러고는 다시 밤이 되면 또 기도했습니다. 정말 배가 고파서 “하나님, 양식을 주십시오. 연탄을 주십시오.” 했습니다. 그런데 얼마 기도하다 보면 또 같은 기도를 했습니다.

“하나님, 복음을 전하는 일에 우리를 써주십시오. 세상 곳곳에 우리가 선교사를 보내게 해주십시오.”

그렇게 한 번 두 번 기도하다 보니 어느 날 생각이 들었습니다.

‘나는 그렇게 기도하려고 하지 않았는데 누가 내 기도를 이끌고 있

구나. 하나님이 내 기도를 이끄셨구나. 그렇다면 하나님이 이 기도를 이루어지게 하시겠구나.'

하나님이 인도하신다는 생각이 들었습니다. 제가 한 기도가 이루어지겠다는 마음이 들었습니다. 하나님이 기도하게 하셨으면 하나님이 이루시겠다는 마음이 들었습니다.

하루는 예배를 마친 뒤 꺼져 가는 난로 곁에 형제 셋이 앉아 있었습니다. 교회에 많은 것이 너무 부족했기 때문에 모두 아무 말 없이 조용히 있었습니다. 한동안 침묵이 흐른 뒤 제가 입을 열었습니다.

"형제들, 우리 힘을 냅시다. 우리가 지금은 이렇지만 앞으로 방송국도 세우고, 책도 출판하고, 아프리카에 선교사도 보낼 겁니다."

그 말은 우리가 처한 현실과 너무 거리가 먼 이야기였기 때문에 모두 웃었습니다. 그 중 점잖은 형제가 위로하듯이 나에게 말했습니다.

"목사님, 그래도 꿈은 크게 가지십시오. 꿈이라도 큰 것이 좋습니다. 용기를 내십시오."

그것은 다르게 표현하면 '꿈꾸고 있네'라는 말과 같았습니다. 내가 생각해 봐도 우리에게 맞지 않은 일이고 허황된 꿈만 같았습니다. 그러나 하나님이 주신 꿈이었기 때문에 하나님이 하나하나 정확히 이루어 주셨습니다.

선교학교를 시작해 복음 전도자를 길러내서 남태평양에 있는 많은 섬나라에, 아프리카에, 전 세계에 선교사를 보냈습니다. 우리가 보낸 선교사들이 세계 거의 모든 나라에 가서 복음을 전하고 있습니다. 그리고 굿뉴스TV 방송국이 설립되어서 수많은 설교들을 한국은 물론 여러 언어로 통역해서 전 세계로 보내고 있습니다. 아프리카에는 케냐에 GBS방송국이 설립되어서 케냐는 물론 아프리카 곳곳에 복음을 전하고 있습니다. 그 외에도 다양한 방송 매체들을 통해서 복음이 전해지고 있습니다. 또한 '도서출판 기쁜소식' 출판사를 세워서 설교집과 신앙 월간지 등을 비롯해 다양한 책자들을 출간해 우리 발길이 닿지 않는 곳까지 복음을 전하고 있습니다. 아울러 청소년들을 바르게 이끌어 줄 마인드교육 책들과 좋은 청소년 교양 잡지도 만들고 있습니다.

가난한 삶이 저를 고통스럽게 만든 것이 아니라 기도하게 했습니다. 처음에는 내가 필요한 것을 간구했지만 시간이 지나면 하나님이 당신의 뜻을 기도하게 하셨습니다. 하나님의 뜻이 내 마음에 심어졌습니다. 돌아보면 그 시간이 말할 수 없이 감사하고 행복했습니다.

어려움이 가로막는 것 같지만 하나님이 길을 열어 주셔서

저는 국제청소년연합(IYF)을 설립하여 청소년들을 위해서도 일했습니다. 한국에서 월드캠프를 개최해, 수십 개국의 젊은이들이 모여서 성경 말씀을 바탕으로 교류하고 연합하고 도전하면서 행복한 시간을 보내게 했습니다. 이후 여러 나라에서 월드캠프를 개최해, 젊은이들이 하나님의 말씀 안에서 죄에서 벗어나 밝고 활기차게 살도록 이끌어 주었습니다. 또한 성경을 바탕으로 만든 마인드교육을 실시해서 청소년들을 바르게 교육하고 있습니다. 세계 여러 나라 정부에서 우리와 손잡고 자국의 청소년들에게 마인드교육을 시행하고 있습니다.

2017년에는 기독교지도자모임(CLF)을 시작하여 세계의 목회자들이 하나님의 말씀 안에서 교류하는 자리를 만들었습니다. 2017년

3월에 미국 뉴욕에서 처음 모임을 가졌을 때, 그 자리에 모인 800명의 목회자들이 제가 전한 말씀을 듣고 깜짝 놀랐습니다. 그 후 세계 여러 나라에서 CLF를 가졌습니다. 어디에서든지 수백 명의 목회자들이 모여서 성경 말씀 안에서 마음을 열고 교류했습니다. 죄에서 벗어나지 못해 고통하던 수많은 목회자들이 모든 죄를 씻음 받고 기뻐하고 감격스러워하며 복음 안에서 하나가 되었습니다.

2020년에 코로나 팬데믹이 발생해서 전 세계 사람들의 마음에 아픔을 안겨주었습니다. 교회에서도 성도들이 한동안 예배당에 모일 수 없어서 온라인으로 예배를 드려야 했습니다. 해외에 복음을 전하러 갈 수 없고, 국내에서 복음을 전하는 집회를 할 수도 없는 상황이 몹시 안타까웠습니다. 그런데 그때 하나님께서 전 세계에 복음을 전할 문을 열어 주셨습니다.

우리가 부활절 연합 예배를 온라인으로 드렸고, 세계 어느 곳에서나 예배에 함께할 수 있도록 영어·스페인어·중국어·불어·러시아어로 동시통역을 했습니다. 그때 200만 명이나 되는 사람들이 접속했습니다. 이어진 봄 대전도 집회도 온라인으로 가졌습니다. 이번에는 세계 곳곳에 있는 우리 선교사들이 선교지의 텔레비전 방송국과 라디오 방송국에 찾아가서 제가 전하는 집회 말씀을 방송해 주면 좋겠다고 했습니다. 깜짝 놀랄 일이 일어났습니다. 미국의 CTN, 중남미의 엔라세, 유럽과 러시아의 TBN 등 크고 작은 655개의 방송에서 제 설교를 내보냈습니다. 전 세계 사람들이 복음을 들을 수 있는 놀라운 일이 일어났습니다.

이 모든 일이 그냥 이루어지는 것이 아닙니다. 하나님이 우리에게 당신의 뜻을 보여 주셔서 우리로 하여금 그 일들을 할 수 있게 하셨습니다. 우리가 이런 일을 할 만한 사람이 아닙니다. 하나님이 우리가 복음 전하는 것을 기뻐하셔서, 어려움이 우리를 가로막는 것 같지만 복음 전할 길을 항상 열어 주셨습니다. 온 세상에 복음을 전할 수 있도록 생각지도 못했던 역사들을 이루셨습니다.

마게도냐 땅의 첫 성인 빌립보에서

사도 바울은 소아시아에서 복음을 전하려고 했지만 성령이 그 길을 막았습니다. 그리고 바울이 환상에서 마게도냐 사람이 "마게도냐로 건너와서 우리를 도우라." 하는 것을 보고, 하나님께서 그들에게 복음을 전하라고 부르신 줄로 인정하고 곧 마게도냐로 향했습니다. 드로아에서 배를 타고 소아시아를 떠나 사모드라게 섬에 이르고, 이튿날 유럽 땅인 네압볼리에 이르렀습니다. 이어서 마게도냐 땅의 첫 성인 빌립보로 갔습니다.

"드로아에서 배로 떠나 사모드라게로 직행하여 이튿날 네압볼리로 가고, 거기서 빌립보에 이르니 이는 마게도냐 지경 첫 성이요 또 로마의 식민지라. 이 성에서 수일을 유하다가"(행 16:11~12)

바울과 일행이 빌립보에서 며칠을 보낸 뒤 안식일이 되어 기도할 곳이 있는가 하여 강가로 나갔습니다. 거기에 여인들이 모여 있어서 그들에게 말씀을 전했습니다. 그들 가운데 고급 옷감 장사를 하는 루디아라는 여자가 마음을 열어 바울이 하는 말을 청종했습니다. 루디아와 그 집안 사람들이 다 세례를 받았고, 루디아가 바울과 일행을 자기 집에 유하라고 강권했습니다. 바울이 그 집에 거하면서 복음을 전했습니다. 유럽 땅에서 처음으로 구원받은 사람이 일어났고, 이후 복음이 로마에까지 전해졌습니다.

사도 바울을 이끄신 하나님은 오늘 우리도 이끌기를 원하십니다. 우리가 자신의 생각을 내려놓고 성령에게 이끌리면 우리를 향한 하나님의 뜻을 느낄 수 있습니다. 하나님께서 우리가 어떤 일을 하기 원하시는지 알 수 있습니다. 그 뜻을 따라서 발걸음을 내디디면 하나님이 놀랍게 역사하시는 것을 경험할 수 있습니다. 사람들이 구원받고, 병이 낫고, 어려움이 해결되고…. 우리 삶에 기쁨과 감사가 넘칩니다.

성령의 인도를 따라서 사는 것과 자기 생각을 따라서 사는 삶은 비교할 수 없을 만큼 다릅니다. 구원받은 우리가 성령의 이끌림을 받을 때 매일 하나님 안에서 복되고 영광스럽게 살게 됩니다.

28강

빌립보에서 만난 루디아

"성령이 아시아에서 말씀을 전하지 못하게 하시거늘 브루기아와 갈라디아 땅으로 다녀가 무시아 앞에 이르러 비두니아로 가고자 애쓰되 예수의 영이 허락지 아니하시는지라. 무시아를 지나 드로아로 내려갔는데 밤에 환상이 바울에게 보이니 마게도냐 사람 하나가 서서 그에게 청하여 가로되 '마게도냐로 건너와서 우리를 도우라' 하거늘, 바울이 이 환상을 본 후에 우리가 곧 마게도냐로 떠나기를 힘쓰니 이는 하나님이 저 사람들에게 복음을 전하라고 우리를 부르신 줄로 인정함이러라. 드로아에서 배로 떠나 사모드라게로 직행하여 이튿날 네압볼리로 가고, 거기서 빌립보에 이르니 이는 마게도냐 지경 첫 성이요 또 로마의 식민지라. 이 성에서 수일을 유하다가 안식일에 우리가 기도처가 있는가 하여 문밖 강가에 나가 거기 앉아서 모인 여자들

에게 말하더니, 두아디라 성의 자주 장사로서 하나님을 공경하는 루디아라 하는 한 여자가 들었는데 주께서 그 마음을 열어 바울의 말을 청종하게 하신지라. 저와 그 집이 다 세례를 받고 우리에게 청하여 가로되 '만일 나를 주 믿는 자로 알거든 내 집에 들어와 유하라' 하고 강권하여 있게 하니라."(행 16:6~15)

나를 주 믿는 자로 알거든 내 집에 들어와 유하라

사도 바울이 성령의 인도로 소아시아 땅을 떠나 마게도냐 지방으로 갔습니다. 마게도냐 지경의 첫 번째 성인 빌립보에 이르러 며칠을 지내고, 안식일이 되어 기도할 곳이 있는지 찾으려고 강가로 나갔습니다. 소아시아 땅에는 도시마다 유대인들이 살고 있고 그들이 지은 회당이 있어서 바울이 안식일에 회당에 가서 복음을 전할 수 있었습니다. 빌립보에는 유대인들이 별로 없어서 회당 또한 없었던 것 같습니다. 안식일에 기도할 곳을 찾으러 강가로 갔습니다.

바울과 일행이 간 강가에 여인들이 모여 앉아 있어서 바울이 말씀을 전했습니다. 그 여인들 가운데 하나님을 공경하는 루디아라는 사람이 있었습니다. 루디아가 바울이 전하는 말씀을 들으면서 마음을 열었습니다. 십자가에 못박혀 죽으신 예수님, 그리고 무덤에 묻혔다가 부활하신 예수님 이야기를 마음으로 받아들여서 구원을 받았습니다. 루디아가 집안 사람들도 복음을 듣게 하여 다 구원을 받고 세례를 받았습니다.

루디아는 소아시아에 있는 두아디라 사람으로, 빌립보를 오가면서 자주색 옷감 장사를 하는 사람이었습니다. 당시에는 옷감에 자주색 물을 들이는 것이 어려워서 자주색 옷감이 비쌌다고 합니다. 루디아는 비싼 옷감 장사를 하여 돈을 많이 벌었는지 빌립보에도 집이 있었습니다. 그가 구원받은 뒤 바울과 일행에게 "만일 나를 주를 믿는 사람으로 알거든 내 집에 유하십시오."라고 강권했습니다. 바울과 일행이 머물 수 있을 만큼 집이 컸던 것 같습니다.

바울과 일행은 성령의 인도를 좇아 마게도냐로 갔기 때문에 그곳에 아는 사람이 없었습니다. 어디에서 밥을 먹고 잠을 자야 할지 몰랐습니다. 그런데 하나님이 구원받을 루디아를 예비하셨고, 그 여자로 하여금 바울 일행을 섬기게 하셨습니다. 바울과 실라가 그 집에 머물며 빌립보에서 복음을 전할 수 있었습니다. 우리가 복음을 위해 살 때 구원받는 사람들이 일어나서 말할 수 없이 감사하지만, 우리에게 필요한 것들 또한 하나님이 예비하시는 것이 얼마나 감사한지 모릅니다.

복음을 전해서 처음으로 구원받은 자매님

제가 살면서 가장 행복한 때는 복음을 전할 때입니다. 제가 전한 복음을 듣고 한 사람이 구원받을 때의 기쁨과 감동은 말로 표현할 수 없습니다.

제가 선교학교에 입학해서 기본 훈련을 마친 뒤, 다른 학생들은 다 오라는 교회가 있어서 갔지만 저는 오라는 데가 없었습니다. 선교학교에서 훈련받은 사람들 가운데 나이도 제일 어리고 제일 모자랐기 때문일 것입니다. 당시 제가 아는 곳은 서울, 대구, 고향 선산, 그리고 압곡동이었습니다. 그 가운데 압곡동으로 가기로 했습니다. 경남

합천군 봉산면 압곡동, 이름만 들어도 산골 마을 느낌이 납니다. 선교학생 시절에 한번 들러서 전도한 적이 있던, 산골짜기에 있는 정말 가난한 동네였습니다. 쌀 한 되 정도와 돈 2~3천 원을 가지고 압곡동으로 갔습니다. 제가 그 동네에 갔을 때 동네 어른이 저에게 이렇게 말했습니다.

"선생들이 전도하는 것은 안 말린다. 얼마든지 해라. 그러나 식사 시간에는 전도하러 가지 마라. 식사하다가 당신들이 온다고 해서 아무도 밥을 먹으라는 소리 안 할 거다. 혹시 누가 밥을 먹으라고 해서 한 숟가락이라도 먹으면 당신들은 이 동네에서 쫓겨나야 한다."

제가 압곡동에 갔을 때가 보리 추수 때였습니다. 보통은 보리를 베고 난 뒤에 장마가 오는데 그 해에는 장마가 일찍 와서 보리를 베기 전에 장마가 시작되었습니다. 장마 때문에 보리를 추수하지 못한 채 시간이 흘러서 밭에 있는 보리 이삭에서 싹이 났습니다. 마을 사람들이 먹을 것이 없어서 가위로 보리 이삭을 잘라 가마솥에 넣고 불을 때서 말린 뒤, 물레방아에 찧어서 먹었습니다. 마을 사람들이 저를 도와준다는 것은 생각도 할 수 없었습니다.

가지고 간 쌀을 다 먹고 돈도 다 떨어졌지만 하나님이 저를 먹이고 입히고 돌보셨습니다. 한번은 장날이 되어 장에 가서 전도하려고 산길을 걸어서 장으로 가고 있었습니다. 가는 길에 소변이 마려웠습니다. 깊은 산골에 화장실이 있습니까? 길에서 조금 벗어나서 사람이 볼 수 없는 곳으로 내려갔습니다. 거기에 산딸기가 얼마나 많은지, 농사를 지어놓은 것처럼 많았습니다. 얼마나 감사하던지요! 산딸기를 다 따먹고 나서 전도하러 가려고 하니 장이 파할 무렵이 되어서 그냥 집으로 돌아왔습니다.

산에는 먹을 것이 많았습니다. 찔레 새순도 맛있고, 잔디 새싹도 맛있었습니다. 어쩌다 만나는 더덕은 아주 좋은 음식이었습니다. 소나무 속껍질도 부드러워서 씹어서 물을 빨아먹은 뒤 뱉었습니다. 압곡동에서 아무도 저를 도와주는 사람이 없었지만 얼마든지 살겠다는 생각이 들었습니다.

어쩌다 한 번씩 구원받은 형제나 자매가 저를 찾아왔습니다. 제가 사는 것을 보고 돌아가면서 작은 돈을 주고 갔습니다. 쌀을 한 되 살 돈이면 보리 두 되를 살 수 있고, 보리 한 되를 살 돈이면 밀 두 되를 살 수 있었습니다. 밀은 먹으면 속에서 불어서 오래 배가 고프지 않았습니다. 쌀을 사면 며칠 먹지 못하지만 밀을 한 되 사면 한 달은 먹을 수 있었습니다.

굶을 때도 많았지만 압곡동에 머문 9개월 동안 하나님이 저를 돌보시고 지키셨습니다. 압곡동을 떠나면서 돌아보니, '내가 여기서 굶어죽겠다'는 생각을 했다면 두려워서 그곳에서 살 수 없었을 텐데 그런 생각이 한 번도 들지 않았던 것이 감사했습니다.

압곡동의 아랫마을에서 살다가 윗마을로 옮겨갔습니다. 어느 아주머니에게 '이곳에서 복음을 전하려고 하니 빈 방을 구해 달라'고 하자 자기 집에 빈 방이 있으니까 와서 지내라고 했습니다. 참 좋은 분이었습니다. 그분도 어렵게 살았는데, 유난히 담배를 많이 피웠습니다. 담배 살 돈이 없으니 담배 농사를 지어 담뱃잎을 따서 엮은 뒤, 엮은 담뱃잎을 그늘진 처마에 매달아 말렸습니다. 담배가 피우고 싶으면 그 잎을 하나씩 따서 손으로 비벼서 가루를 만들고, 그것을 신문지로 싸고 신문지에 침을 발라 붙여서 담배를 만들어서 피웠습니다.

“아줌마, 무슨 담배를 그렇게 많이 피워요? 몸에 해로워요. 그리고 신문지에는 납 성분이 있어서 담뱃잎을 신문지에 싸서 빨면 납에 중독되어 혈액에 안 좋아요. 좀 적게 피워요.”

“총각은 몰라서 그래! 난 머리가 아파서 담배를 안 피우면 안 돼!”

담배를 많이 피웠지만 마음이 따뜻하고 좋은 아주머니였습니다.

오전에 저는 주로 성경을 읽었습니다. 제가 있는 방의 문 하나를 사이에 두고 주인 아주머니는 마루에 앉아서 담배를 피우고, 저는 방 안에서 성경을 읽었습니다. 동네는 아주 고요했습니다. 닭 우는 소리, 개 짖는 소리 외에는 아무 소리도 들리지 않았습니다.

하루는 제가 방에서 성경을 읽고 있었습니다. 제 방 옆에 마루가 있고, 마루 건너에 안방과 부엌이 있었습니다. 그날도 주인 아주머니는 마루에 앉아서 담배를 계속 피우고 있었습니다. 그때 누가 찾아왔습니다.

“잘 있었나?”

“장사는 잘 하나?”

친구가 찾아온 것 같았습니다. 두 사람이 주고받는 이야기가 다 들렸습니다. 주인 아주머니의 친구 분은 머리에 김·미역·다시마·멸치 등을 이고 다니면서 시골 마을에 팔았습니다. 시골 사람들은 대부분 돈이 없어서 물건 값으로 밀이나 쌀 등을 주기에, 물건을 팔고 받은 무거운 곡식들을 머리에 이고 산동네들을 다니며 장사하는 분이었습니다. 두 사람이 이야기를 한참 주고받다가 친구 분이 주인 아주머니에게 물었습니다.

"너, 아랫방 세 놓았나?"

제가 지내던 방 앞에 놓여 있던 알루미늄 솥을 보았던 것입니다.

"어, 교회 전도사 왔다."

"전도사님? 어디서 오셨는데?"

"대구에서 왔다."

"언제 왔냐? 여기 예수 믿는 사람이 있냐?"

"애들 몇 명 나온다."

그분이 나에 대해서 자세히 묻는 것을 보니 교회에 다니는 분 같아서 성경을 들고 나가 인사를 했습니다.

"아주머니, 교회 다니세요?"

"아, 안 다녀요."

자기가 가난하게 살면서 교회에 다닌다고 말하는 것이 부끄러워서 안 다닌다고 했던 것입니다. 제가 그날 그 아주머니에게 예수님의 피로 죄가 씻어진 이야기를 했습니다. 그 아주머니가 죄 사함을 받았습니다. 제가 복음을 전해서 처음으로 구원받은 분이었습니다. 그분이 죄 사함 받고 너무 기뻐했습니다.

자매님은 청년이었던 저보다 스무 살 이상 많은 아주머니였는데 제가 정말 사랑했습니다. 이성적인 사랑 말고 마음으로 자매님을 아꼈습니다. 제가 하는 기도의 대부분이 자매님을 위한 것이었습니다. 자매님도 저를 굉장히 위해 주었습니다. 스무 살 갓 넘은 저에게 "전도사님! 전도사님!" 하면서 제가 전해주는 말씀을 아주 달게 들었습니다.

자매님은 하루 종일 장사해서 생계를 이어가고, 집에 돌아와서는 남편이 앞을 못 보기 때문에 산에 가서 나무를 해가지고 와서 밥을 지었습니다. 그리고 저녁에 와서 성경공부를 하고 늦게 돌아갔습니다. 자매님 집은 압곡동에서 1킬로미터가 넘게 떨어진 '권빈'이라는 동네에 있었습니다. 이튿날 아침에 밥을 하고 된장국을 끓인 뒤 된장국 조금을 주전자에 담아서 들고 먼 길을 뛰어와서 저에게 주고 갔습니다. 어떤 날은 '어제 집에 가다가 여우를 만나서 고생했다'고 말하기도 했습니다. 한번은 그 집에서 밥을 먹었습니다. 계산해 보니, 아주 오랜만에 먹는 밥이었습니다.

박희진 목사님이 손 자매님을 만나지 못했다면…

자매님의 믿음이 자라는 것을 보는 것이 정말 행복했고 감사했습니다. 자매님은 얼마 뒤 장사를 그만두었습니다. 자매님이 병든 사람을 위해서 기도하면 병이 낫고, 귀신 들린 사람을 위해서 기도하면 귀신이 쫓겨나가 많은 사람이 자매님을 찾아왔습니다. 사람들이 병이 낫고 정신이 온전해지면 가족들이 고맙다며 자매님에게 사례를 했습니다. 전에는 힘들게 장사하며 어렵게 살았지만 복음을 전하고 기도하면서 지내도 넉넉하지는 않지만 충분히 살 수 있었습니다.

손 자매님이 복음을 전해서 구원받은 사람들 가운데 박희진 목사님이 있습니다. 오래 전에 목사님이 어떻게 구원받았는지 간증을 들었습니다. 대학교에서 축구선수로 지내다가 결핵에 걸렸다고 했습니다. 당시 결핵은 좋은 약이 없어서 치료하기 힘든 아주 무서운 병이었습니다. 전염성도 강해서 한 사람이 결핵에 걸리면 가족이 다 결핵으로 죽기도 했습니다. 박희진 목사님이 결핵에 걸려서 시골집으로 내려왔습니다. 집에는 나이 많은 어머니와 형님 내외와 조카들이 있었습니다. 어느 날, 형님이 이야기했습니다.

"희진아, 내가 이런 얘기 해서는 안 되는 줄 안다. 그렇지만 해야겠다. 내가 너하고 둘이 살면 괜찮은데, 아이들이 있다. 네가 여기 있으면 우리 아이들에게도 전염돼 우리 가족이 다 죽게 된다. 내가 할 이야기는 아니지만, 네가 집을 떠나야겠다."

박희진 목사님이 생각해 보니 그 말이 맞았습니다.

"형님, 제가 떠나야겠네요. 늦출 수 없고 오늘 나가겠습니다."

아무것도 없이 집에서 나왔습니다. 밥을 먹을 곳이 없어서 하루 종일 굶었습니다. 잘 곳도 없어서 몹시 힘들었습니다. 날씨가 추워져 밖에서 자면 얼어 죽을 것 같아서 잘 곳을 찾다 보니, 동네 외딴 곳에 상여를 넣어두는 집이 있었습니다. 거기 가면 바람은 피할 수 있어서 상엿집에 들어가서 잤습니다.

하루는 아침에 일어나서 냇가에서 세수를 하는데 동네 아주머니가 불렀습니다. 손 자매님의 동생으로, 그분도 언니가 전해준 복음을 듣고 구원받았습니다.

"희진아, 너 나 따라갈래?"

"어디 가는데요?"

"교회 간다."

갈 곳도 없고 날씨도 추워서 따라갔습니다. 교회에 가서 보니, 자기를 데리고 간 아주머니의 언니가 성경 말씀을 전했습니다. 추위에 떨다가 따뜻한 곳에 가니까 노곤해서 잠이 들었습니다. 벽에 기대고 앉아서 쿨쿨 잤습니다. 얼마 후 누가 깨워서 눈을 떠 보니 예배는 끝났고, 예배에 참석한 사람들과 함께 밥을 먹자고 했습니다. '결핵에 걸렸는데 같이 밥을 먹어도 될까? 결핵에 걸렸다고 이야기할까? 그랬다가 밥을 먹지 못하게 하면 어떡하지?' 그래서 이야기하지 않고 밥을 먹었습니다. 정말 감사했습니다. 점심을 먹고 나니 손 자매님이 성경을 펴놓고 복음을 전하기 시작했습니다. 구원을 받았습니다. 오후를 그렇게 보내고, 저녁에도 함께 식사한 후 저녁 예배를 드리고 상엿집으로 돌아왔습니다.

그날 박희진 목사님이 처음으로 하나님께 기도했다고 합니다.

"하나님, 날씨가 너무 춥습니다. 이렇게 겨울을 날 자신이 없습니다. 제가 소원이 있습니다. 겨울을 지날 만한 방을 하나 주십시오."

방을 달라고 기도했습니다. 그리고 며칠 후 길에서 동네 어른을 만났습니다.

"희진이, 자네 어디 있었나? 어제 하루 종일 찾았네."

산 밑에 있는 과수원의 주인이었습니다. 가을에 사과를 수확한 후 겨울이 되면 특별히 할 일이 없어서 마을에 있는 집에 가서 가족들과 함께 지내기에, 겨울에 과수원을 지킬 사람이 필요했던 것입니다. 그 어른이 부탁했습니다.

"자네, 과수원에서 지내면 좋아. 많이 쌓아둔 사과나무 가지로 불을 때면 방이 아주 따뜻해."

과수원에 가서 방을 청소하고 사과나무 가지로 불을 땠습니다. 방이 따듯했습니다. 그 방에 누우니 너무 행복했습니다. 하나님께 너무 감사했습니다.

하루는 성경에서 38년 된 병자가 나은 이야기를 읽다가 '하나님이 내 병도 고쳐 주시겠다'는 마음이 생겼습니다. 그래서 기도했습니다.

"하나님, 세상에는 나처럼 버림받은 사람들이 있는데 그분들에게 내가 만난 예수님을 알려주고 싶습니다. 그런데 결핵에 걸린 몸으로 가면 사람들이 저에게 뭐라고 하겠습니까? 제 병을 고쳐 주십시오."

그러고는 잊고 지냈는데, 어느 날 보건소에 가서 검사를 받은 뒤 결과를 보니 결핵이 깨끗이 나아 있었습니다. 그리고 이듬해에 우리 신학교에 지원해서 왔습니다. 제가 어떻게 신학교에 오게 되었는지 물으니, 지난 일들과 하나님이 자신을 어떻게 축복하셨는지 긴 시간 동안 간증했습니다. 하나님이 박희진 목사님의 삶에 많은 열매들을 맺게 하신 것을 볼 수 있었습니다. 지금은 아주 귀한 전도자가 되어서 복음을 전하고 있습니다.

박희진 목사님이 손 자매님을 만나지 못했다면 그 겨울을 넘기지 못하고 죽었을지 모릅니다. 구원받은 한 사람을 통해서 다른 사람이 구원받는 열매가 맺히고, 새로 구원받은 그 사람 또한 하나님의 열매를 맺는 것을 봅니다.

하나님이 이 사람들을 구원하길 원하셨구나!

우리가 복음을 전하다 보면 부족한 것이 많습니다. 모든 것을 갖추어서 복음을 전하려고 하면 아무 일도 하지 못합니다. 부족해도 발걸음을 내디디면 하나님이 채워 주십니다. 바울과 실라가 빌립보에 갔을 때 아무것도 준비되어 있지 않았지만, 기도하려고 강가에 나갔다가 여인들이 모여 있는 것을 보고 복음을 전했습니다. 그 가운데 하나님을 공경하는 루디아가 마음을 열고 복음을 받아들여서 구원을 받았습니다. 루디아가 이 놀라운 복음을 집안 사람들에게도 전하길 원해서 그 집 사람들이 다 구원을 받았습니다. 바울과 실라와 함께한 사람들이 '하나님이 이 사람들을 구원하길 원하셨구나! 빌립보에 구원받을 사람들이 많겠구나!' 하며 얼마나 기쁘고 감사했겠습니까!

제가 60여 년을 복음을 전하며 사는 동안 배고플 때도 있었고, 추위에 떨 때도 있었고, 어려운 문제가 닥칠 때도 있었습니다. 복음을 전한다는 이유로 비방을 당하고 핍박을 받을 때도 많았습니다. 그런데 언제든지 하나님이 은혜를 베푸셔서 모든 것을 이기게 하셨습니다. 저는 종종 '내가 백 번 죽었다 다시 태어난다 해도 복음 전도자가 되고 싶다'라는 생각을 합니다. 하나님의 인도를 따라서 발걸음을 내디딜 때마다 일어나는 복음의 역사들이 얼마나 귀하고 아름다운지 모릅니다.

죄에 얽매어 고통스럽게 살던 사람이 복음을 듣고 죄에서 벗어나 의롭게 되어서 기뻐하는 모습을 보면 얼마나 감사한지 모릅니다. 그 사람이 자신의 소유와 삶을 복음을 위해 드려서 더 많은 사람에게 복음이 전해지면 또 얼마나 감사한지 모릅니다.

29강

감옥에 갇힌 바울과 실라

"밤중쯤 되어 바울과 실라가 기도하고 하나님을 찬미하매 죄수들이 듣더라. 이에 홀연히 큰 지진이 나서 옥터가 움직이고 문이 곧 다 열리며 모든 사람의 매인 것이 다 벗어진지라. 간수가 자다가 깨어 옥문들이 열린 것을 보고 죄수들이 도망한 줄 생각하고 검을 빼어 자결하려 하거늘, 바울이 크게 소리질러 가로되 '네 몸을 상하지 말라. 우리가 다 여기 있노라' 하니, 간수가 등불을 달라고 하며 뛰어들어가 무서워 떨며 바울과 실라 앞에 부복하고 저희를 데리고 나가 가로되 '선생들아, 내가 어떻게 하여야 구원을 얻으리이까?' 하거늘, 가로되 '주 예수를 믿으라. 그리하면 너와 네 집이 구원을 얻으리라' 하고 주의 말씀을 그 사람과 그 집에 있는 모든 사람에게 전하더라. 밤 그 시에 간수가 저희를 데려다가 그 맞은 자리를 씻기고 자기와 그 권

속이 다 세례를 받은 후 저희를 데리고 자기 집에 올라가서 음식을 차려주고 저와 온 집이 하나님을 믿었으므로 크게 기뻐하니라."(행 16:25~34)

사도 바울이 빌립보에서 첫 안식일에 기도할 곳을 찾으러 강가에 갔다가 거기 모여 있는 여인들에게 복음을 전해서 루디아가 구원을 받았습니다. 루디아의 집안 사람들이 다 구원받아 그 집안에 큰 기쁨과 감사가 머물렀습니다. 루디아가 바울과 일행에게 자기 집에 머물라고 강권해서 바울이 그 집에 머물며 빌립보 사람들에게 복음을 전했습니다.

하나님이 간수와 그 가족들을 구원하시려고

빌립보에서 하루는 바울과 일행이 기도하는 곳으로 가다가 점을 치는 귀신이 들린 여자를 만났습니다. 그 여자는 점을 쳐서 주인에게 이익을 많이 안겨주는 여종이었습니다. 여자가 바울과 일행을 좇아오면서 소리를 질렀습니다.

"이 사람들은 지극히 높은 하나님의 종으로, 너희에게 구원의 길을 전하는 자들이라."

바울이 사람을 모아서 복음을 전하려고 하면 그곳에 나타나서 "이 사람은 구원의 길을 전하는 사람이다." 하며 히죽거려 분위기를 다 깨버렸습니다. 바울이 매일 복음을 전하러 가면서 '오늘은 귀신 들린 여자를 안 만나면 좋겠다'라는 마음으로 나섰지만 여자가 귀신같이 알고 찾아와서 떠들어댔습니다. 며칠을 그렇게 하니까 바울이 몹시 괴로웠습니다.

하루는 견딜 수 없어서 바울이 여자 안에 있는 귀신에게 "예수 그리스도의 이름으로 내가 네게 명하노니, 그에게서 나오라." 하였습니다. 그러자 귀신이 나갔습니다. 귀신이 들려서 늘 이상하던 여자가 멀쩡해졌습니다.

문제는, 여자에게서 귀신이 나가 더이상 점을 칠 수 없었습니다. 여자의 주인이 여종 덕분에 돈을 많이 벌었는데 이제 돈을 벌 수 없게 되자 화가 나서 바울과 실라를 잡아서 관원들에게로 끌고 갔습니다. 높은 관리들 앞에서 바울과 실라를 고발했습니다.

"이들은 유대인으로, 로마 사람인 우리가 받아들이지도 못하고 행하지도 못할 이상한 풍속을 전해서 우리 성을 심히 요란스럽게 하고 있습니다."

여종의 주인이 이렇게 말하자, 주위에 있던 사람들이 일제히 바울과 실라가 빌립보 성을 어지럽히고 있다고 고발했습니다. 사람들의 이야기를 들은 관리들은 "옷을 찢어 벗기고 매로 쳐라."라고 명했습니다. 바울과 실라가 매를 많이 맞았습니다. 관리들은 몸이 많이 상한 두 사람을 옥에 가두고 간수에게 든든히 지키라고 분부했습니다. 간수가 관리들의 명을 따라서 바울과 실라를 깊은 감옥에 가두고 두 사람의 발을 착고에 든든히 채웠습니다.

성경을 읽어 보면 일어나는 일들 하나하나에 하나님의 계획이 있습니다. 하나님은 얼마든지 복음을 전하는 사람들이 고난과 환란을 피하게 하실 수 있습니다. 그런데 고난을 당하게 하시고 환란을 겪게 하십니다. 그로 말미암아 어떤 일을 이루시고, 고난 속에서 믿음이 자라게 하시며 하나님을 의지하는 마음이 더 깊어지고 넓어지게 하십니다.

바울과 실라가 심하게 맞고 깊은 감옥에 갇혔습니다. 몸은 여기저기 터져서 쓰라리고, 차가운 감옥에 갇혀 발은 쇠고랑에 채워져 있고, 도와줄 사람은 없고…. 어떤 생각이 들었겠습니까? '우리가 복음을 전하는데 왜 이런 어려움을 겪어야 하나? 우리가 무얼 잘못했다고 이렇게 맞고 감옥에 갇혀야 하나?' 이런 생각이 들었을 것입니다. 한편으로는 '또 때리면 어떡하지?'라는 염려도 들고, '언제 이 감옥에서 나갈 수 있을까?'라는 생각도 들었을 것입니다.

성경에 보면, 바울과 실라가 밤중쯤 되어 기도하고 하나님을 찬미했다고 했습니다. 두 사람이 감옥에 들어간 것이 오전인지 오후인지 알 수 없지만, 밝은 낮에 갑자기 잡혀 가서 매를 맞고 옥에 갇혔던 것 같습니다. 그런데 밤중에 기도하고 찬미했다고 했으니 그 전에는 무엇을 했겠습니까? '맞은 곳이 너무 쓰라리다! 몸이 찢어진 것 같다!' 하며 서글프기도 하고, '우리가 왜 이런 일을 당해야 하나?' 하고 속상하기도 하고, '여기서 언제 나가지? 나갈 수는 있을까?' 하고 불안하기도 했을 것입니다.

그렇게 지내다가 밤중쯤 되어 두 사람이 기도하고 하나님을 찬미했습니다. 그러자 갑자기 큰 지진이 일어나서 옥터가 움직이고, 문이 다 열리고, 감옥에 갇혀 있던 사람들을 묶은 것이 다 벗겨졌습니다. 간수가 꾸벅꾸벅 졸다가 깨어서 옥문들이 다 열린 것을 보고는 죄수들이 도망한 줄로 생각해, '내가 조는 사이에 죄수들이 다 도망쳤구

나. 이제 나는 죽었다. 살아서 괴로움을 겪다가 죽느니 차라리 지금 죽는 게 낫겠다' 하고 검을 빼어 자결하려고 했습니다. 바울이 그 광경을 보고 소리쳤습니다.

"네 몸을 상하지 마라! 우리가 다 여기 있노라!"

간수가 등불을 들고 뛰어들어가서 무서워 떨며 바울과 실라 앞에 엎드리고, 두 사람을 데리고 나가 말했습니다.

"선생들아, 내가 어떻게 하여야 구원을 얻으리이까?"

바울이 말했습니다.

"주 예수를 믿으라. 그리하면 너와 네 집이 구원을 얻으리라."

간수가 자신뿐 아니라 집에 있는 모든 사람과 함께 바울이 전하는 복음을 듣고 구원을 받았습니다. 늦은 밤에 간수가 바울과 실라를 데려다가 맞은 자리를 씻겨 주고, 그와 집안 사람이 다 세례를 받았습니다. 바울과 실라와 함께 자기 집으로 가서 두 사람에게 음식을 차려 주었습니다. 간수와 그 집안 사람이 다 하나님을 믿어서 모두가 크게 기뻐했습니다.

빌립보 감옥의 간수와 그 가족이 구원받는 것이 하나님의 계획이었습니다. 늘 감옥에서 죄수들을 지키는 간수를 바울이 어떻게 만나겠습니까? 감옥에 들어가야 만날 수 있습니다. 바울과 실라가 애매히 고난을 당한 것 같지만 간수와 그 가족들을 구원하시려는 하나님의 섭리가 담겨 있었습니다. 이 일을 위해 점치는 귀신 들린 여자도 사용하셨습니다. 성경에는 없는 이야기지만, 그날 이후로 빌립보 감옥에 가는 사람은 대부분 구원받았을 것 같습니다. 간수가 재소자를 하나씩 불러내서 무슨 죄를 지어서 들어왔는지 묻고, 복음을 전해서 한 사람 한 사람 구원받았을 것을 생각하면 얼마나 감사하고 행복한지 모릅니다.

루디아와 그 집안 사람들이 구원받고 간수와 그 집안 사람들이 구원받아서 빌립보 교회가 시작되었습니다. 그 뒤 사도 바울이 어느 곳에 가든지 빌립보 교회 성도들이 바울을 위해 기도하고 필요한 물질을 보내 주었습니다. 빌립보 교회와 바울의 관계가 아주 가깝고 아름다웠습니다.

박 목사님, 우리 교도소에서 집회를 한번 합시다

하나님은 저에게도 교도소에 복음을 전할 수 있도록 길을 열어 주셨습니다. 요즘은 관리들이 스스로 판단해서 사람을 교도소에 보내는 일은 없기 때문에, 제가 잘못했다는 이유로 교도소에 들어갈 일은 없어서 하나님이 다른 방법으로 길을 열어 주셨습니다.

하루는 모르는 분에게서 전화가 왔습니다.

"박옥수 목사님이십니까?"

"예, 그렇습니다."

"여기는 수원교도소인데요. 저는 교도소 교무과장입니다."

그 전에 제가 극동방송에서 방송 설교를 했던 적이 있습니다. 교무과장님이 말했습니다.

"얼마 전에 우연히 극동방송에서 박 목사님 설교를 들었는데 무척 은혜로워서 이분 설교를 계속 듣고 싶다고 생각했습니다. 그런데 그 뒤로 다시 방송을 듣지 못해서 섭섭하게 지내다가, 오늘 어떤 사람이 한 재소자에게 보낸 '기쁜소식'이라는 잡지를 보았습니다. 교도소에서는 우편물들을 다 검열하기 때문에 제가 잡지를 펼쳐서 보니 첫 페이지에 박 목사님 말씀이 실려 있었습니다. 너무 반가워서 잡지를 발행한 기쁜소식사에 전화해 목사님 전화번호를 알아서 이렇게 전화를 드렸습니다. 여러 일로 바쁘시겠지만 수원교도소에 한번 와주십시오. 부탁드립니다."

제가 가겠다고 했습니다. 1988년 2월 하순경이었습니다. 수원교도소를 찾아가서 교무과장님을 만났습니다. 과장님이 굉장히 기뻐하면서 저에게 부탁을 했습니다.

"박 목사님, 우리 교도소에서 집회를 한번 합시다."

"어떻게 하지요?"

"며칠 후면 삼일절로, 그날은 교도소 직원들이 모두 쉬는 날입니다. 그날 교도소 안에 있는 전 기독교 신자를 모아서 집회를 하면 안 되겠습니까?"

"저야 좋지요."

그렇게 3월 1일에 교도소 안에서 1일 집회를 하기로 결정했습니다. 정말 기뻤습니다. 그렇지 않아도 교도소에 있는 수많은 재소자들에게 복음을 전하고 싶었지만 어떻게 해야 할지 몰라서 마음으로 기도만 하고 있었는데, 뜻밖에 하나님이 교도소에 복음 전할 문을 열어 주셔서 너무 감사했습니다.

우리는 삼일절이 오기를 기다렸습니다. 드디어 3월 1일, 아침 일찍 수원교도소에 도착했습니다. 교무과장님이 특별히 배려해 그날 휴일인데도 교무과 직원들이 출근해서 집회를 도왔습니다. 직원들과 교도소 안에 있는 모든 기독교인을 모아놓고 1일 집회를 가졌습니다.

저에게는 잊을 수 없는 감격스러운 일들이 여러 번 있었는데, 그 가운데 하나가 1988년 3월 1일에 수원교도소에서 가진 집회였습니다. 죄에서 벗어나려고 발버둥을 치며 회개해도 늘 죄에 얽매여 고통하던 수백 명의 재소자들이 한 사람 한 사람 구원받고 변화되어 주님 품으로 돌아오는 모습을 보면서 하나님 앞에서 한없이 감사했습니다. '하나님! 내가 뭔데 내 생애에 이렇게 기쁘고 즐거운 일을 허락하셨습니까!' 그날 많은 재소자들이 구원받은 일은, 정말 잊을 수 없는 크고 놀라운 하나님의 은혜와 역사였습니다.

하루라도 빨리 나가서 복수하려고

집회 이후 저는 매주 월요일 오후 1시에 수원교도소를 찾아가서 교도소에 있는 사람들에게 복음을 전했습니다. 교도소에 있는 사람들이 말씀을 듣고 구원받아 기뻐하며 제가 인도하는 성경공부 모임에 와서 교제를 나누는 것이 정말 감사했습니다.

성경공부 모임에 참석하는 사람들 가운데 유OO 형제가 있었습니다. 유 형제는 교도소 내에서 최고 모범수로, 재소자 중에서 가장 높은 대대장이었습니다. 형제는 교도소 안을 어디든지 자유롭게 다닐 수 있었을 뿐 아니라 한 사람을 더 데리고 다닐 수 있는 권한이 있었습니다. 제가 성경 공부를 하러 교도소에 가면 유 형제가 방마다 다니면서 재소자들을 모아 왔습니다.

하루는 교도소 안에서 유 형제와 둘이 앉아서 이야기하다가 문득 '형제가 무슨 죄를 지어서 여기 왔을까?'라는 궁금증이 생겨서 물었습니다.

"형제는 죄명이 뭐예요?"

그러자 즐겁게 이야기하던 유 형제가 갑자기 얼굴이 빨개지더니 고개를 숙였습니다. 그리고 모기소리만큼 작은 목소리로 말했습니다.

"살인에, 살인미수입니다."

"믿어지지 않네요. 내가 보기엔 파리 한 마리도 죽이지 못할 것 같은데 형제가 사람을 죽였다고요?"

며칠 뒤 교도소에서 형제와 다시 만났습니다. 형제가 눈물을 흘리며 자신이 지은 죄를 이야기했습니다. 결혼해서 두 아이를 낳고 성실히 일했는데 어느 때부터 아내가 자신에게 무언가 숨기고 있다는 것을 느꼈습니다. 나중에 아내가 춤을 추러 다닌다는 사실을 알았습니다. 아내는 여러 번 그러지 않겠다고 했지만 말뿐이었습니다. 그 뒤 처형이 아내를 데리고 다닌다는 사실을 알고 처형 집으로 가서 제발 동생을 데리고 다니지 말라고 부탁했습니다. 그러자 평소에도 무시하던 처형이 그를 경멸하는 말을 쏟아냈습니다.

"네까짓 게 뭔데? 내 동생 데려다가 고생만 시키는 주제에 나보고 이래라 저래라 해?"

순간 머리가 핑 돌았고, 정신을 차리고 보니 처형은 쓰러져 있고 그의 손에는 피 묻은 칼이 들려 있었습니다. 다 죽이겠다고 난동을 부리다가 경찰에게 잡혔습니다.

형제가 자신이 어떻게 죄를 지었는지 이야기한 뒤 이렇게 말했습니다.

"목사님, 제가 출소하면 사람들이 다 살인수라고 손가락질하겠지요. 누가 저에게 직장을 주겠습니까? 사는 게 말이 아니겠지요. 그래서 저는 늘 '이런 세상 살아서 뭐해? 내 인생을 망친 인간들에게 복수하고 죽자'라고 생각했습니다. 하루라도 빨리 나가서 복수하려고 이곳에서 아주 선하게 살아서 최고의 모범수가 되었습니다."

형제가 구원받은 뒤 새 삶을 시작했습니다. 얼마 뒤 몇 년을 감형받아서 출소했습니다. 그 후 교회와 함께하며 좋은 가정을 이루어 행복하게 살고 있습니다.

유 형제뿐 아니라 수원교도소에서 3월 1일에 가진 집회 때 구원받은 재소자들 가운데 어떤 형제는 목회자가 되었고, 어떤 형제는 교회의 장로가 되어서 복음을 위해 살았습니다. 그 모습을 볼 때마다 한없이 감사했습니다.

하나님은 형편을 얼마든지 뒤집으신다

바울과 실라가 빌립보 감옥에 갇혔습니다. 처음에는 '우리가 동네북도 아니고 왜 툭하면 우리가 터지냐?' 하며 속상하고 괴로웠을 것입니다. 두 사람이 이 생각 저 생각으로 쉽게 잠들지 못하고 뒤척이다가 밤중쯤 되어 어느 순간 마음이 바뀌었습니다.

'하나님이 우리와 함께 계시지! 하나님이 일하시면 우리가 감옥에서 나가는 게 아무 문제도 아니야. 그렇다면 하나님이 왜 우리를 감옥에 오게 하셨을까? 아, 이곳에서 이루실 일이 있겠구나.'

불행하다고만 생각했다가, 하나님이 함께 계시고 자신들이 당한 일에 하나님의 섭리가 담겨 있다고 생각하자 모든 것이 달라졌습니다. 마음에 기쁨이 가득 찼습니다. 바울과 실라가 하나님께 기도하고 하나님을 찬송했습니다.

우리 마음 안에서는 여러 생각들이 일어납니다. 우리가 슬프다고 해서 모든 것이 슬픈 것은 아닙니다. 슬픈 일을 잊어버리고 행복한 일이 떠오르면 행복해집니다. 고난이 찾아와서 괴롭고 두려울 때 늘 그 생각에 잡혀 있을 것 같지만 그렇지 않습니다. 고난을 당하는 것이 모든 것이 아니기 때문에 다른 것을 생각하면 다른 마음이 일어납니다.

바울과 실라는 매를 심하게 맞고 감옥에 갇혔습니다. 맞은 자리가 터져서 쓰라리고 깊은 감옥에 갇혀서 암담했을 것입니다. 언제 나갈지 모르는 막막함에 답답했을 것입니다. 바울과 실라 마음에서 그 생각이 계속 이어질 것 같지만 그렇지 않았습니다. 하나님을 생각하자 마음이 달라졌습니다. 하나님이 얼마든지 감옥에서 벗어나게 해주시겠다는 생각이 들고, 그 생각을 하니 기쁘고 감사했습니다. 고난 가운데에서도 하나님이 자신들과 함께 계시는 것이 감사하고, 항상 자신들을 지키시고 어려움에서 벗어나게 해주실 것이 감사했습니다.

어떤 사람은 어려운 일 앞에서 고통만 당합니다. 또 어떤 사람은 아직 찾아오지 않은 어려움을 앞당겨서 '앞으로 내가 어려워질 거야' 하고 염려하고 두려워합니다. 우리 마음을 어떤 생각이 차지하고 있느냐에 따라서 삶이 달라집니다. 신앙은 형편을 바라보고 형편에 반응하는 것이 아닙니다. 하나님을 바라보면 눈앞에 펼쳐진 형편과 전혀 다른 세계가 시작됩니다.

바울과 실라의 마음이 형편에 빠져 있다가 하나님을 바라보면서 전혀 다른 세계가 펼쳐졌습니다. 하나님께 기도하고 하나님을 찬미하고, 지진이 일어나서 옥터가 흔들리고 문이 다 열리고 쇠고랑이 다 벗겨졌습니다. 간수가 자결하려고 하다가 바울과 실라 앞에 무릎을 꿇고 어떻게 해야 구원을 받겠느냐고 물었습니다. 그날 밤에 간수와 그 집안 사람들이 다 구원을 받았습니다. 그들이 하나님을 믿어 기뻐했습니다.

사탄은 우리가 하나님을 바라보지 못하게 하려고 눈앞에 형편을 들이댑니다. 하나님을 원망하게 하고 불신하게 만듭니다. 그러나 언제든지 하나님을 바라보면 새로운 세계가 시작됩니다. 하나님이 역사하셔서 놀라운 일이 이루어집니다. 하나님은 뒤집기의 명수이십니다. 골리앗이 나타나서 이스라엘 백성들을 조롱할 때 이스라엘 백성들은 아무도 그를 이기지 못할 것이라고 생각했습니다. 그러나 소년 다윗이 물맷돌로 그를 쓰러뜨렸습니다.

사도 바울이 로마로 가는 길에 배가 파선해서 배에 탄 사람들이 다 헤엄치거나 나뭇조각을 의지해서 멜리데 섬에 간신히 이르렀습니다. 비가 오고 날씨가 추워서 원주민들이 그들을 위해 불을 피워 주었는데, 바울이 나무 한 더미를 불 위에 올려놓자 그 속에 있던 독사가 뜨거워 바울의 손을 물고 매달렸습니다. 그 광경을 보고 원주민들이 말했습니다. "진실로 이 사람은 살인한 자로다. 바다에서는 구원을 받았지만 공의가 살지 못하게 한다." 바울이 아무렇지 않다는 듯 독사를 불에 떨어뜨렸습니다. 원주민들은 바울이 독사에게 물렸으니 몸이 붓든지 곧 쓰러져 죽을 줄 알았다가 시간이 오래 지나도 아무 이상이 없자, 다시 "이 사람은 신인가 보다."라고 했습니다.

하나님은 모든 형편을 얼마든지 뒤집으십니다. 그 역사가 있기 전에 우리 마음이 먼저 뒤집어져야 합니다. 형편을 바라보는 데에서 돌이켜 하나님을 바라보아야 합니다. 하나님이 얼마든지 놀랍게 일하실 수 있다는 사실을 생각해야 합니다. 바울과 실라의 마음이 바뀌어 기도하고 하나님을 찬미했을 때 다른 죄수들이 들었다고 했습니다. 그들이 처음에는 '저 사람들 매를 심하게 맞아서 돌았구나'라고 생각했을 것입니다. 그런데 지진이 일어나고 옥문이 다 열리고 쇠고랑이 벗어지자, 바울과 실라를 전혀 다른 눈으로 보았을 것입니다.

하나님이 역사하시자 빌립보 감옥 안에 생명의 역사가 일어났습니다. 간수와 그 집 사람들이 구원받았습니다. 그 후로도 빌립보 감옥은 사람들이 죄를 짓고 들어왔다가 간수에게 복음을 듣고 죄 사함을 받는 행복한 감옥이 되었을 것입니다. 하나님이 일하시는 것이 정말 신기합니다. 감격스럽고, 하나님을 찬양하고 싶습니다.

30강

핍박·고난과 하나님의 역사

사도행전 이야기를 하면서 성경에 기록된 내용들을 하나둘 알아갈 뿐 아니라 우리 마음도 예수님과 점점 더 가까워져 갑니다. 사도행전을 읽어보면 진행되는 과정이 비슷합니다. 복음을 전하고, 핍박이 일어나고, 하나님이 지키시고….

"저희가 암비볼리와 아볼로니아로 다녀가 데살로니가에 이르니 거기 유대인의 회당이 있는지라. 바울이 자기의 규례대로 저희에게로 들어가서 세 안식일에 성경을 가지고 강론하며 뜻을 풀어 그리스도가 해를 받고 죽은 자 가운데서 다시 살아야 할 것을 증명하고, 이르되 '내가 너희에게 전하는 이 예수가 곧 그리스도라' 하니 그 중에 어떤 사람 곧 경건한 헬라인의 큰 무리와 적지 않은 귀부인도 권함을 받고

바울과 실라를 좇으나 그러나 유대인들은 시기하여 저자의 어떤 괴악한 사람들을 데리고 떼를 지어 성을 소동케 하여 야손의 집에 달려들어 저희를 백성에게 끌어내려고 찾았으나 발견치 못하매 야손과 및 형제를 끌고 읍장들 앞에 가서 소리질러 가로되 '천하를 어지럽게 하던 이 사람들이 여기도 이르매 야손이 들였도다. 이 사람들이 다 가이사의 명을 거역하여 말하되 다른 임금 곧 예수라 하는 이가 있다 하더이다' 하니 무리와 읍장들이 이 말을 듣고 소동하여 야손과 그 나머지 사람들에게 보를 받고 놓으니라."(행 17:1~9)

천하를 어지럽게 하는 사람들이 여기도 이르매

바울과 실라가 빌립보 감옥에서 나온 뒤 루디아의 집에 가서 형제들을 만나 위로하고 빌립보를 떠났습니다. 빌립보에서 남쪽으로 내려가 암비볼리와 아볼로니아를 거쳐서 데살로니가에 이르렀습니다. 데살로니가에는 유대인의 회당이 있었습니다. 바울이 어느 곳에서나 그랬던 것처럼, 데살로니가에서도 안식일마다 회당에 가서 그곳에 모인 사람들에게 성경을 강론했습니다. 구약 성경에 기록된 내용을 풀이해서 그리스도가 해를 받아 죽임을 당하고 다시 살아나야 할 것을 증명했습니다. 이어서 "내가 너희에게 전하는 이 예수가 곧 그리스도라."라고 말했습니다. 세 번의 안식일에 회당에서 말씀을 전했습니다.

당시 유대인들은 대부분 예수님을 그리스도로 인정하지 않았습니다. 지금도 유대인들은 예수님을 그리스도로 인정하지 않고 하나님이 약속하신 메시아를 기다리고 있습니다. 바울은 구약 성경을 풀이해서 그리스도가 영광을 받는 것이 아니라 해를 받아서 죽임을 당할 것과 다시 살아날 것을 강론했습니다. 성경에 기록된 대로 죽었다가 다시 사신 분이 예수님이라고 전했습니다.

유대인들은 바울이 전하는 말씀을 대부분 싫어했습니다. 예수님을 배척하고 율법대로 행하며 살려고 했습니다. 오히려 헬라인들이 바울이 전하는 복음을 마음에 받아들였습니다. 그들은 유대인이 믿는 하나님에 관심을 가지고 안식일이면 유대인의 회당에 찾아오는 사람들이었습니다.

"그 중에 어떤 사람 곧 경건한 헬라인의 큰 무리와 적지 않은 귀부인도 권함을 받고 바울과 실라를 좇으나"(행 17:4)

이 말씀대로 경건하게 살려고 하는 많은 헬라인들과 적지 않은 귀부인이 바울이 전하는 말씀을 마음에 받아들여서 바울과 실라를 좇았습니다. 복음을 전하면 꼭 핍박이 뒤따릅니다. 데살로니가에서 많은 헬라인들이 구원받고 바울과 실라를 따르자 유대인들이 시기하여 시장의 괴악한 사람들을 데리고 떼를 지어서 성을 소동케 했습니다. 그들이 야손의 집에 들어가서 바울과 실라를 사람들 앞에 끌어내려고 찾았지만 발견하지 못하자 야손과 형제를 끌고 도시의 관원들에게 가서 소리쳤습니다.

"천하를 어지럽게 하는 사람들이 이곳에도 이르매 야손이 자기 집에 받아들였소이다! 이 사람들이 다 가이사의 명을 거역하여 말하되 다른 임금, 곧 예수라 하는 이가 있다 하더이다!"

모인 사람들과 관원들이 이 말을 듣고 흥분해서 소란스럽게 떠들어대고, 관원들이 야손과 몇 사람에게서 보석금을 받고 그들을 놓아 주었습니다.

핍박을 피해 카타콤에서 살았던 성도들

사도행전은 성경이 기록된 시대에만 진행된 것이 아닙니다. 구원받은 성도가 성령의 인도를 따라서 복음을 전하면 언제나 같은 일이 일어납니다. 사람들이 구원받는 역사가 일어나고 핍박이 뒤따릅니다.

후에 복음이 로마에도 전해지고 수많은 사람들이 구원을 받았습니다. 복음이 전해져서 구원받는 사람이 점점 많아지는 만큼 핍박도 거세졌습니다. 로마 황제 네로는 그리스도인들을 잡아 몸을 섶으로 싼 뒤 불을 붙여서 밤에 어둠을 밝히는 초로 사용했다고 합니다. 네로 당시에 그리스도인들은 극심한 핍박을 받았습니다. 하지만 구원받는 사람이 점점 늘어났습니다. 나중에는 로마 시민의 3분의 1이 구원받은 성도였다는 이야기가 전해져 내려옵니다.

로마 시대에 수많은 성도들이 핍박을 피해서 지하 땅굴인 카타콤에서 생활했습니다. 카타콤은 원래 지하 묘지였습니다. 사람들이 꺼리는 그곳에 성도들이 숨어 들어가 굴을 깊게 파서 생활 공간을 만들었습니다.

오래 전에 저도 카타콤에 가본 적이 있습니다. 안내자가 절대로 혼자 움직여서는 안 된다고 단단히 주의를 주었습니다. 굴이 아주 깊고 갈래가 많아서 거기서 길을 잃으면 밖으로 나오기 힘들다고 했습니다. 굴 깊은 곳까지는 가지 않고 안내자가 인도하는 관광 코스까지만 보고 돌아왔습니다. 로마 시대에 구원받은 성도들이 핍박을 피해서 그 지하 굴에서 살았습니다. 로마 군병들이 성도들을 잡으러 굴로 들어갔다가 길을 찾지 못해서 오히려 죽을 수 있기 때문에, 아무도 굴 안으로 깊이 들어가지 못했다고 합니다.

굴에 살던 그리스도인들은 그 길을 다 알기 때문에 자유롭게 다니면서 지냈습니다. 하지만 박해를 피한 대신 굴속에서 햇빛을 보지 못한 채 지냈기 때문에 여러 어려움을 겪었을 것입니다. 음식도 제대로 먹지 못했을 것입니다. 복음이 전해지면 복음을 받아들인 사람이 죄에서 벗어나 하늘나라 시민이 되는 영광스런 일이 이루어지지만, 한편으로는 복음이 전해지는 것을 어떻게든 막으려고 하는 사탄이 강하게 일합니다. 사탄이 넣어 주는 생각을 따르는 사람들이 구원받은 성도를 아주 싫어하고 격렬히 핍박합니다. 그래서 성도에게는 고난이 따릅니다.

복음을 위해서 산 어린 두 자매

구원받은 성도의 삶에는 고난이 따르고, 한편으로는 복음을 전하기 위한 희생이 동반됩니다. 어려운 가운데 성도의 희생을 바탕으로 교회가 든든히 세워지고 복음이 더 많은 사람들에게 전해집니다.

제가 김천에서 복음을 전할 때의 일입니다. 하루는 우리가 예배당 겸 어린이 전도 사무실로 사용하던 건물 앞에 아가씨 두 사람이 서 있었습니다. 우리를 찾아왔는가 해서 2층에서 내려가 문을 열고 나가 보니 다른 쪽을 쳐다보았습니다. 그래서 길을 가다가 잠깐 서 있는 줄 알고 문을 닫고 들어왔습니다. 그런데 한 시간이 지나도 그 아가씨들이 거기 서 있었습니다. 아무래도 우리를 찾아온 것 같아서 밖으로 나가서 어떻게 왔느냐고 물어보았습니다. 아가씨들이 수줍어하며 말을 제대로 하지 못하고 어쩔 줄 몰라 했습니다. 2층으로 올라오라고 해서 이야기를 들어보았습니다.

두 아가씨는 구원받은 자매들이었습니다. 당시에는 구원받은 교회들이 많지 않아서, 구원받은 뒤 하나님의 말씀을 듣고 싶어서 우리를 찾아 선산에서 김천까지 물어물어 온 것이었습니다. 선산에서 김천까지는 24킬로미터로 요즘은 그렇게 먼 길이 아니지만 당시에는 제법 먼 거리였습니다. 제가 두 자매를 앉혀놓고 점심때부터 성경 이야기를 전해 주었습니다. 말씀을 오래 이야기한 뒤 저녁 무렵에 "이제 늦었으니 집으로 돌아가세요."라고 했습니다. 그러자 자매들이 뜻밖의 이야기를 했습니다.

"우리는 김천에서 살고 싶어요."

나이가 어려 보여서 제가 걱정이 되어 말했습니다.

"부모님이 염려하시니 집으로 가요. 그리고 시간이 날 때 종종 찾아와요. 그러면 성경 말씀을 전해줄게요."

그러자 두 자매는 부모님께 허락을 받고 김천으로 온 것이라고 했습니다.

"부모님께 허락을 받았다고요? 김천에서 어떻게 살려고요?"

"방을 얻어서 살려고요."

"생활은 어떻게 하고요?"

"우리가 알아서 할 수 있으니 걱정하지 마세요. 방만 하나 얻어 주세요."

어린 자매들이 아주 분명한 태도로 이야기해서 제가 적잖이 당황

했습니다. 우리는 자매들이 거할 수 있도록 조그마한 방을 얻어 주었습니다.

다음날부터 자매들은 아침 일찍 예배당에 와서 기도하고, 성경 읽고, 청소를 했습니다. 틈틈이 음식을 만드는 것도 도와주었습니다. 그리고 점심 이후에는 집에서 '홀치기'를 했습니다. 일본 사람들이 입는 기모노의 비단을 염색하기 전에 '홀치기'로 묶어서 염색하면 멋있게 염색되었는데, 당시 우리나라에서 그 일이 유행이었습니다. 자매들은 그 일을 누구보다 잘해서 수입이 상당히 좋았습니다.

저녁이 되면 자매들이 일을 마치고 모임에 참석했습니다. 저녁 모임 후에는 집에 돌아가서 불을 켜놓고 새벽 두세 시까지 홀치기를 했습니다. 다음날 새벽이 되면 다시 교회에 와서 기도하고 말씀을 들었습니다. 제가 볼 때에는 거의 잠을 자지 않는 것 같았습니다. 두 자매는 홀치기를 해서 번 돈으로 우리 생활비의 상당 부분을 담당해 주었습니다.

그때 일을 뒤돌아보면 어린 자매들이 어떻게 그런 마음을 갖게 되었는지 지금도 신기합니다. 보통 사람이라면 열심히 일해서 어렵게 번 돈을 자신들을 위해서 쓰거나 결혼 자금 등으로 사용하려고 모아 두었을 것입니다. 그런데 자매들은 자신들을 위해서는 돈을 거의 쓰지 않고 많은 돈을 복음의 일을 뒷받침하는 데 드리려는 마음을 가졌습니다.

한번은 제 아내가 친정에 볼일이 있어서 잠깐 서울에 갔을 때 두 자매가 김치를 담가 왔습니다. 그런데 김치를 처음 담가 보았는지, 시간이 좀 지나자 한쪽은 여전히 새파랗고 한쪽은 썩어 들어갔습니다. 제가 나중에 아내에게 그 이야기를 했더니 아내가 죽겠다고 웃었습니다. 김치를 담글 때 소금으로 절인 뒤 담가야 하는데, 소금에 절이지 않으니까 한쪽은 배추 그대로 있고 한쪽은 썩어 들어갔던 것입니다.

우스운 일도 있었지만 두 자매와 함께 지내는 것이 정말 즐겁고 감사했습니다. 자매들의 희생으로 교회가 점점 든든히 세워져 갔습니다. 세월이 많이 흘러서 어렸던 두 자매가 지금은 할머니가 되었습니다. 한 자매는 아직도 기쁜소식선산교회에 다니고 있는데, 가끔 가면 만납니다.

성도가 잘못해서가 아니라 사탄이 예수님을 미워하기 때문에

오늘날 복음을 전한다고 해서 사도행전 시대처럼 감옥에 갇히는 핍박을 받는 일은 거의 없습니다. 하지만 갖가지 핍박은 여전히 이어지고 있습니다. 제가 복음을 전하면서 사람들이 하나둘 구원받고 교회가 형성되었습니다. 저는 다만 복음을 전했을 뿐인데 사람들이 우리 교회에 대해서 아무것도 모르면서 별별 소리로 비난하는 것을 보았습니다. 바울이 복음을 전했을 때 하나님을 모르는 이방인들이 핍박한 것이 아니라 하나님을 믿는다고 하는 유대인들이 핍박했습니다. 그때처럼 오늘날도 예수님을 믿지 않는 사람들이 복음 전하는 사람을 거짓말로 비방하고 대적하는 것이 아니라, 예수님을 믿는다는 사람들이 그렇게 합니다.

그러나 복음은 하나님의 사랑이고 능력이기 때문에 복음을 마음에 받아들인 사람은 누구나 복음과 함께하려고 합니다. 사도 바울은 예수님을 만나기 전까지 그리스도인들을 핍박했습니다. 그리스도인들을 다 없애려고 하는 유대인들의 앞잡이가 되어 그리스도인들을 잔멸하려고 했습니다. 그렇게 살았던 그가 예수님을 만났을 때 누구보다 더 심한 핍박을 받으면서 복음을 전하는 사람이 되었습니다. 오늘날도 예수님을 믿는다고 하는 많은 기독교인들이 복음을 대적하지만, 복음을 마음에 받아들인 사람은 중심에서부터 복음을 사랑하며 복음과 함께 기꺼이 고난을 받으려고 합니다.

요즘은 우리가 시작한 목회자 모임인 CLF(Christian Leaders Fellowship)에 많은 목회자들이 참석해서 복음을 듣고 의롭게 되어서 기쁨과 감사 속에서 지내는 것을 자주 봅니다. 그런 목회자들은 누가 뭐라고 해도 복음을 사랑하며 복음과 함께하려는 마음을 갖습니다. 예수 그리스도의 피로 우리 죄가 다 씻어져서 우리가 의롭게 되었다는 복음은, 인간의 생각이 전혀 들어가지 않은 우리를 향한 하나님의 순전한 선물입니다. 하나님의 아들이신 예수님의 죽음으로 말미암아 이루어진 하나님의 가장 깊은 사랑의 표현입니다.

복음을 받아들인 사람은 복음을 전해준 사람과 마음으로 함께하고, 복음을 받아들이지 않는 사람은 마음에서부터 복음 전하는 사람을 미워합니다. 그것은 복음 전하는 사람들이 잘못해서가 아니라 이 세상 신인 사탄이 예수님을 미워하기 때문입니다. 사탄이 사람들의 마음에 복음 전하는 사람들을 향해 적대감을 갖게 하기 때문입니다.

하나님이 역사하시는 출발점, 고난과 핍박

고난은 우리를 힘들게도 하지만 고난으로 인해 우리가 하나님을 바라보게 됩니다. 그 가운데 하나님이 역사하셔서 우리 마음을 기쁨과 감사로 가득 채우십니다. 그런 삶이 이어져서 우리가 하나님의 인도를 계속 따르게 됩니다. 자연히 세속에 물들지 않고 복음을 위해서 힘있게 달려갈 수 있습니다.

구원받은 성도들에게 어려움이 없을 때 기도해야 할 일이 사라집니다. 그러면 삶이 육신을 향해, 세상을 향해 빠르게 흘러갑니다. 핍박과 어려움을 이겨내면 하나님을 믿는 믿음으로 복음을 위해서 달려가고, 편안하면 육신의 욕망과 세상을 향해서 달려갑니다. 그래서 저는 우리 교회에 어려움이 없을 때 근심합니다. 우리가 애매히 고난을 받고 핍박을 당하는 것이 부당하지만 그것이 우리로 하여금 하나님을 바라보게 만들어 줍니다. 우리 삶에 하나님이 역사하시는 출발점이 됩니다. 우리 교회에 어려움도 있지만 하나님이 지키시고 도우시고 역사하시는 것이 말할 수 없이 아름답습니다.

'말 두면 종 두고 싶다'는 옛말이 있습니다. 걸어다니다가 말이 생겨서 타고 다니면 정말 편하고 좋습니다. 그런데 말이 생기면 마구간도 치워야 하고, 말에게 여물도 주어야 하고, 말을 씻기기도 해야 하고, 할 일이 많아집니다. 그러니까 그런 일들을 해줄 종을 두고 싶어집니다. 사람이 편해지면 그것으로 만족하는 것이 아니라 더 편하고 싶어한다는 이야기입니다. 성도의 삶도 마찬가지입니다. 편하면 더 편하고 싶습니다. 더 편하게, 더 편하게, 더 편하게, 그렇게 하면서 타락합니다.

우리가 짧게 생각하면 고난과 핍박 없이 평안하고 행복하게만 복음을 전하면 얼마나 좋겠습니까? 그러나 그것은 타락으로 들어가는 길입니다. 핍박 가운데 새로운 역사들이 일어납니다. 핍박이나 어려움이 없으면 하나님의 역사도 없습니다. 우리에게 닥치는 어려움이나 우리를 핍박하는 자들을 하나님이 제하는 것은 전혀 어렵지 않습니다. 하나님이 그냥 두시는 것은 그것이 좋기 때문입니다.

요셉은 많은 어려움을 겪었습니다. 형들이 이스마엘 대상들에게 자신을 팔아 종이 되어서 애굽으로 끌려갔고, 보디발의 집에서 종살이를 했습니다. 아는 사람도 없고 삶의 방식도 낯선 나라에서 종으로 사는 것이 얼마나 힘들고 어려웠겠습니까? 그래도 잘 이겨내고 보디발의 신임을 받아서 집안을 다 돌아보는 자리에 앉았습니다. 그런데 보디발 아내의 모함을 받아 죄수가 되어서 감옥으로 끌려갔습니다. 그때 요셉의 심정이 얼마나 괴롭고 처참했겠습니까? 그 모든 일은 그냥 시련과 괴로움이 아니었습니다. 요셉이 애굽의 총리가 되어서, 큰 기근이 닥쳤을 때 모든 사람을 살리고 가나안에 있는 자기 가족들을 살리는 길이었습니다. 그 모든 것이 하나님의 섭리에 의해서 이루어진 일들이었습니다.

어려움을 겪는 동안에는 요셉이 하나님의 뜻과 계획을 알지 못했습니다. 감옥에 갇혀서 이렇게 생각했을지 모릅니다. '하나님, 해와 달과 별이 나에게 절하는 꿈을 꾸게 하시고, 그 꿈처럼 내가 치리자가 된다고 하셨는데 이게 뭡니까? 잘못한 것도 없는데 내가 왜 감옥에 갇혀야 합니까?' 그 후 요셉이 갇혀 있는 감옥에 애굽 왕 바로의 술 맡은 관원장과 떡 굽는 관원장이 잘못해서 들어왔습니다. 하루는 두 사람이 꿈을 꾸어서 요셉이 그 꿈을 해석해 주었습니다. 이어서 애굽 왕이 도무지 이해할 수 없는 꿈을 꾸었습니다. 요셉이 그 꿈을 해석하고 문제를 해결할 길을 이야기해 주어서 애굽의 총리가 되었습니다.

나중에 요셉의 형들이 애굽에 와서 자신들 앞에 있는 애굽 총리가 자신들이 팔았던 요셉인 것을 알고 벌벌 떨었습니다. 그때 요셉이 말했습니다.

"형님들 두려워하지 마십시오. 나를 이곳에 보낸 것은 당신들이 아니라 하나님이십니다."

구원받은 성도가 핍박을 받는 것은 우리를 핍박하는 자들로 말미암은 것이 아닙니다. 하나님이 당신의 뜻과 계획을 따라서 그 일을 허락하시는 것입니다. 거기에는 분명히 하나님의 섭리가 담겨 있어서 때가 되면 하나님이 역사하셔서 놀라운 일이 이루어집니다.

똑같은 시련이 있고, 축복으로 바꾸시는 하나님이 계신다

우리가 구원받고 복음을 전하면서 살면 이유 없이 어려움을 겪습니다. 억울하고 분한 마음이 일어날 만큼 부당한 대우를 받기도 합니다. 그 모든 일은 그대로 끝나지 않습니다. 하나님이 항상 선으로 바꾸십니다. 하나님은 우리가 아무 쓸모없는 어려움을 절대로 당하게 하시지 않습니다. 어떤 시련을 당하든지 그 모든 것은 하나님의 손안에 있습니다. 그래서 때가 되면 하나님이 우리에게 은혜를 베푸시고 복을 주십니다.

저도 구원받은 뒤 많은 어려움을 겪었습니다. 선교학교에서 훈련받은 뒤 압곡동에서 지낼 때에도 어려움이 많았고, 장팔리에서 지낼 때에도 어려움이 많았습니다. 자주 굶기도 했고, 사람들에게 멸시를 받기도 했습니다. 그 후로도 복음을 전하며 사는 동안 어려움이 끊이지 않았습니다. 하지만 하나님이 함께 계셔서 그 모든 어려움을 이기게 하셨습니다. 어려움을 이길 때마다 제 믿음이 자라고 제 삶이 더 복되어지는 것을 보았습니다.

구원받은 사람이 어려움을 만나거나 시련을 겪을 때 걱정하거나 두려워할 필요가 없습니다. 하나님을 바라보고 기다리면 하나님이 역사하십니다. 그런 어려움과 시련과 핍박이 우리 믿음을 자라게 하고 삶을 더 복되게 합니다. 바울이 감옥에 갇히면 하나님이 그대로 두시지 않고 나오게 하십니다. 독사에게 물려도 죽게 놔두지 않고 지키십니다. 우리도 감옥에 갇히거나 독사에 물린 것 같은 일이 일어난다 해도 하나님은 그 모든 것을 축복으로 바꾸십니다. 사도행전 시대나 오늘 이 시대나 성도에게는 똑같은 시련과 어려움이 있습니다. 그리고 그것을 축복으로 바꾸시는 하나님이 계십니다.

31강

고통을 남긴 아텐 전도

"밤에 형제들이 곧 바울과 실라를 베뢰아로 보내니 저희가 이르러 유대인의 회당에 들어가니라. 베뢰아 사람은 데살로니가에 있는 사람보다 더 신사적이어서 간절한 마음으로 말씀을 받고 이것이 그러한가 하여 날마다 성경을 상고하므로 그중에 믿는 사람이 많고, 또 헬라의 귀부인과 남자가 적지 아니하나 데살로니가에 있는 유대인들이 바울이 하나님 말씀을 베뢰아에서도 전하는 줄을 알고 거기도 가서 무리를 움직여 소동케 하거늘, 형제들이 곧 바울을 내어보내어 바다까지 가게 하되 실라와 디모데는 아직 거기 유하더라. 바울을 인도하는 사람들이 데리고 아덴까지 이르러 바울에게서 실라와 디모데를 자기에게로 속히 오게 하라는 명을 받고 떠나니라."(행 17:10~15)

바울이 데살로니가에서 복음을 전하자 유대인들이 괴악한 사람들을 앞세워서 바울을 대적해 온 성이 소동했습니다. 그들이 바울을 영접한 야손의 집으로 가서 바울을 끌어내려고 했지만 찾지 못하자 야손과 그 형제를 끌고 관원들에게 가서 소리쳤습니다.

"천하를 어지럽게 하던 사람들이 여기도 이르매 야손이 들였도다! 이들이 가이사의 명을 거역하여 말하되 다른 임금, 곧 예수라 하는 이가 있다 하더이다!"

이 말을 듣고 모인 사람들과 관원들이 흥분해서 소란스럽게 떠들어대다가 관원들이 야손과 몇 사람에게서 보석금을 받고 그들을 놓아주었습니다. 그 일이 있은 뒤 밤에 구원받은 형제들이 바울과 실라를 베뢰아로 보냈습니다.

하나님은 복음이 땅끝까지 전해지기를 바라셨습니다. 그 일을 위해 바울과 실라 같은 전도자들이 많이 일어나면 좋지만 당시에는 바울과 실라밖에 없어서 그들이 더 많은 도시에 복음을 전해야 했습니다. 그래서 하나님은 그들이 복음을 전한 도시에서 유대인들로 하여금 그들을 방해하고 핍박하게 하여, 한 곳에 머물지 못하고 다른 곳으로 가고 다시 다른 곳으로 가게 하셨습니다. 데살로니가, 베뢰아, 아덴, 고린도…. 이렇게 여러 도시들을 다니면서 복음을 전해서 복음이 점점 넓게 전해지게 하셨습니다.

메시아에 관한 예언들이 어떻게 성취되었는지 이야기하고

바울은 베뢰아에서도 유대인의 회당에 들어가서 복음을 전했습니다. 베뢰아 사람들은 데살로니가에 있는 사람들보다 더 신사적이라고 했습니다. 그들은 간절한 마음으로 바울이 전한 말씀을 받고, '이것이 그러한가?' 하고 날마다 성경을 상고했습니다. 그로 말미암아 믿는 사람이 많았습니다. 헬라의 귀부인과 남자들도 적지 않게 예수님을 믿었습니다.

베뢰아 사람들이 성경을 상고했다고 했는데, 이때는 신약 성경이 쓰이지 않은 때로 이 성경은 구약 성경을 가리킵니다. 인쇄술이 발달하기 전에는 성경을 일일이 베껴 써서 사본을 만들었기 때문에 성경이 아주 소중했습니다. 유대인들이 회당에 모여서 구약 성경을 읽고, 성경을 강론하기도 했습니다. 회당에는 유대인들 외에도 하나님을 믿고자 하는 이방인들도 와서 성경 말씀을 접했습니다.

하루는 베뢰아에 있는 회당에 사람들이 모였는데 낯선 사람들이 들어왔습니다. 바울과 실라였습니다. 유대인이 회당에 들어오면 성경을 깊이 강론해줄 수도 있기 때문에 권할 말이 있으면 하라고 했습니다. 바울이 구약 성경에 기록된 메시아에 관한 예언들을 이야기하고 그 예언들이 어떻게 성취되었는지 설명했습니다. 그리고 예수님이 성경이 이야기한 메시아임을 말했습니다. 어쩌면 이사야 성경을 읽었을지도 모릅니다. 이사야 53장은 예수님의 죽음을 정말 잘 설명하고 있습니다.

"그가 찔림은 우리의 허물을 인함이요, 그가 상함은 우리의 죄악을 인함이라. 그가 징계를 받음으로 우리가 평화를 누리고, 그가 채찍에 맞음으로 우리가 나음을 입었도다. 우리는 다 양 같아서 그릇 행하여 각기 제 길로 갔거늘 여호와께서는 우리 무리의 죄악을 그에게 담당시키셨도다."(사 53:5~6)

메시아가 세상에 오시면 우리 허물과 죄악을 인하여 찔리고 상하실 것이라고 말하고, 그것은 하나님이 우리 죄악을 그에게 담당시키셨기 때문이라고 이야기했을 것입니다. 성경에 기록된 이 말씀 그대로 죽으신 분이 바로 예수님이라고 증거했을 것입니다. 예수님이 우리 죄를 담당하고 죽으심으로 말미암아 우리 죄가 다 씻어졌다고 전했을 것입니다.

혹은 사도 바울이 레위기에 기록된 속죄제사의 규례를 이야기했을지도 모릅니다. 속죄 제물인 양이 죄를 지은 사람을 대신하여 죽음으로 죄가 씻어진 것처럼, 예수님이 우리 대신 죽으심으로 우리 죄가 씻어졌다고 말했을 것입니다. 혹은 바울이 나중에 로마에 있는 성도들에게 쓴 로마서 4장에 나오는 말씀대로, '믿음의 조상인 아브라함이 행위로 의롭게 되었는지, 믿음으로 의롭게 되었는지' 이야기했을 것입니다.

회당에 모인 사람들이 바울이 전한 복음을 듣고, 예수님의 죽음과 부활이 성경에 기록된 그대로 이루어졌다는 사실을 알고 깜짝 놀랐을 것입니다. 십자가에 못박혀 죽으신 예수님이 바로 메시아였다는 사실을 발견하고 말로 표현하기 힘든 감정을 느꼈을 것입니다.

'그렇구나! 얼마 전 유대 땅에서 십자가에 못박혀 죽은 예수님이 우리가 그토록 기다렸던 메시아였구나! 예수님이 잘못한 것이 없지만 우리 죄를 짊어지고 십자가에 못박히셨고, 그로 인해 우리 죄가 다 씻어졌구나!'

많은 사람들이 예수님을 비로소 바로 알고 복음을 마음에 받아들여서 구원을 받았습니다.

다른 곳에서 전도한 것과 사뭇 다른, 아덴 전도

복음의 역사가 일어나면 공식처럼 뒤따라오는 핍박이 시작됩니다. 베뢰아에서 수많은 사람들이 구원받는 놀라운 역사가 일어나자, 데살로니가에서 바울을 핍박한 유대인들이 바울이 베뢰아에서도 전도하는 줄 알고 그곳으로 가서 사람들을 선동해서 소요를 일으켰습니다. 이에 베뢰아에 있던 형제들이 바울의 안전을 생각해서 바울을 바다 쪽으로 데려간 뒤 아덴(아테네)에 이르렀습니다. 바울과 동행하던 실라와 디모데는 아직 베뢰아에 머물고 있었습니다. 바울이 자신을 아덴으로 인도한 사람들에게 '실라와 디모데를 속히 아덴으로 오게 하라'고 말해 그들이 베뢰아로 떠나고 바울 혼자 아덴에 남았습니다.

사도 바울이 아덴에서 전도하는 것을 보면 다른 곳에서 전도하는 것과 사뭇 다른 모습을 볼 수 있습니다. 바울이 아덴에서 온 성에 우상이 가득한 것을 보고 마음에 화가 났습니다. 그래서 회당에 들어가서는 유대인들과 이야기하고, 거리에서는 만나는 사람들과 변론했습니다. 에비구레오(에피쿠로스) 학파와 스도이고(스토아) 학파의 철학자들이 바울과 논쟁을 벌였습니다. 어떤 사람은 바울을 향해서 "이 말쟁이가 어떤 이야기를 하려고 하는가?" 하였고, 어떤 사람은 바울이 예수님과 부활에 대해 이야기하는 것을 듣고 "이방 신들을 전하는 사람인가 보다." 하였습니다. 그들이 바울을 붙들어 아레오바고로 가서 바울에게 말했습니다.

"네가 말하는 새로운 가르침이 어떤 것인지 알 수 있겠느냐? 네가 이상한 것을 우리 귀에 들려주니 그것이 무슨 뜻인지 알고자 하노라."

바울이 이에 대해 대답한 이야기가 사도행전 17장에 유난히 길게 소개되어 있습니다.

"바울이 아레오바고 가운데 서서 말하되 '아덴 사람들아, 너희를 보니 범사에 종교성이 많도다. 내가 두루 다니며 너희의 위하는 것들을 보다가 "알지 못하는 신에게"라고 새긴 단도 보았으니 그런즉 너희가 알지 못하고 위하는 그것을 내가 너희에게 알게 하리라. 우주와 그 가운데 있는 만유를 지으신 신께서는 천지의 주재시니 손으로 지은 전에 계시지 아니하시고 또 무엇이 부족한 것처럼 사람의 손으로 섬김을 받으시는 것이 아니니, 이는 만민에게 생명과 호흡과 만물을 친히 주시는 자이심이라. 인류의 모든 족속을 한 혈통으로 만드사 온 땅에 거하게 하시고 저희의 년대를 정하시며 거주의 경계를 한하셨으니 이는 사람으로 하나님을 혹 더듬어 찾아 발견케 하려 하심이로되, 그는 우리 각 사람에게서 멀리 떠나 계시지 아니하도다. 우리가 그를 힘입어 살며 기동하며 있느니라. 너희 시인 중에도 어떤 사람들의 말과 같이 우리가 그의 소생이라 하니, 이와 같이 신의 소생이 되었은즉 신을 금이나 은이나 돌에다 사람의 기술과 고안으로 새긴 것들과 같이 여길 것이 아니니라. 알지 못하던 시대에는 하나님이 허물치 아니하셨거니와 이제는 어디든지 사람을 다 명하사 회개하라 하셨으니, 이는 정하신 사람으로 하여금 천하를 공의로 심판할 날을 작정하시고 이에 저를 죽은 자 가운데서 다시 살리신 것으로 모든 사람에게 믿을 만한 증거를 주셨음이니라' 하니라."(행 17:22~31)

사도 바울이 아덴에서 복음을 전한 뒤 고린도로 가서 복음을 전했습니다. 고린도전서를 보면 바울이 고린도에서 어떤 심정으로 복음을 전했는지 기록되어 있습니다.

"형제들아, 내가 너희에게 나아가 하나님의 증거를 전할 때에 말과 지혜의 아름다운 것으로 아니하였나니, 내가 너희 중에서 예수 그리스도와 그의 십자가에 못박히신 것 외에는 아무것도 알지 아니하기로 작정하였음이라. 내가 너희 가운데 거할 때에 약하며 두려워하며 심히 떨었노라. 내 말과 내 전도함이 지혜의 권하는 말로 하지 아니하고 다만 성령의 나타남과 능력으로 하여 너희 믿음이 사람의 지혜에 있지 아니하고 다만 하나님의 능력에 있게 하려 하였노라."(고전 2:1~5)

바울이 왜 이런 마음을 가졌는지 그가 아덴에서 한 설교를 보면 알 수 있습니다. 바울이 아덴 사람들에게 성경을 바탕으로 예수님을 전한 것이 아니라 철학자들이 많으니까 그들이 알아들을 수 있게 하나님을 이야기했습니다. 그래서 이야기가 장황합니다. 바울이 이야기를 마치자 사람들이 예수님을 마음에 받아들인 것이 아니었습니다. 대부분 죽은 자의 부활에 대해 듣고 바울을 비웃었습니다. 몇 사람만 다시 들어보겠다고 했습니다.

바울이 아덴에서도 다른 도시에서 했던 것처럼, 회당에서 구약 성경에 기록된 약속이 어떻게 성취되었는지 이야기하고 예수님을 전했으면 좋았을 것입니다. 그런데 아덴은 특별한 도시라고 생각해서 거기에 맞추어서 이야기했습니다. 그 결과 하나님이 일하시지 않았습니다. 바울은 자신이 아덴에서 한 일의 결과를 정확히 보고 알았습니다. 그래서 고린도에 갔을 때에는 전도할 때 '지혜의 권하는 말로 하지 않고 성령의 나타남과 능력으로 하려고 했다'고 고린도전서 2장에서 고백했습니다. 고린도 사람들과 지낼 때 약하고 두려워하고 심히 떨었다고 하며, 예수 그리스도와 예수님이 십자가에 못박히신 것 외에는 아무것도 알지 않기로 작정했다고 했습니다.

바울이 아덴에서는 사람들이 듣기 좋은 이야기를 했지만 열매가 거의 없었습니다. 다른 도시에서는 성령이 역사하셔서 구원받는 사람이 많았지만, 아덴에서는 몇 사람이 복음을 받아들였을 뿐입니다. 바울의 마음이 아팠을 것입니다. 그랬기 때문에 아덴을 떠나서 고린도에 갔을 때에는 바울이 두려워하며 떨었습니다. 자신이 하는 전도가 지혜의 권하는 말로 하지 않고 다만 성령의 나타남과 능력으로 하려고 했다고 이야기했습니다.

사울은 갑옷과 칼이 필요했고, 다윗은 하나님을 의지했다

사람의 지혜나 힘을 의지하는 것과 하나님을 의지하는 것은 전혀 다릅니다. 우리는 성경 곳곳에서 하나님을 의지한 사람들과 사람을 의지한 사람들의 모습을 볼 수 있습니다. 사무엘상에는 사울과 다윗이 나옵니다. 두 사람은 똑같이 이스라엘의 왕이었지만 마음과 삶은 전혀 달랐습니다. 사울은 사람을 의지한 왕이었고, 다윗은 하나님을 의지한 왕이었습니다.

사울이 왕으로 있을 때 블레셋과 전쟁이 있었습니다. 그때 블레셋 진에서 골리앗이 나와서 이스라엘 진을 향해 소리쳤습니다.

“너희는 한 사람을 택하여 내게로 내려보내라. 그가 싸워서 나를 죽이면 우리가 너희의 종이 되겠고, 만일 내가 이기어 그를 죽이면 너희가 우리의 종이 되어 우리를 섬길 것이니라. 내가 오늘날 이스라엘의 군대를 모욕하였으니 사람을 보내어 나로 더불어 싸우게 하라.”

이스라엘 군사들 중에서 골리앗과 싸우겠다고 나서는 사람이 아무도 없었습니다. 골리앗은 키가 3미터나 되는 데에다 거대한 창을 들고 갑옷으로 완전무장하여 그를 이길 수 있는 길이 없어 보였기 때문입니다. 그때 양을 치던 다윗이, 전쟁에 참가한 세 형들에게 먹을 것을 가져다주라는 아버지의 말을 좇아 전장에 왔다가 골리앗을 보았습니다. 골리앗이 이스라엘 군대를 모욕하는 소리를 듣고 다윗이 화가 났습니다.

'나는 저 골리앗을 이길 수 없지만 내 안에 계신 하나님은 얼마든지 이기실 수 있어! 하나님이 나를 보내시면 내가 저놈을 죽일 수 있는데 우리를 모욕하는 저놈을 왜 그냥 놔둬야 하지?'

골리앗이 나타났을 때 사울 왕이 갖가지 상을 제시했지만 그와 싸울 사람이 아무도 나오지 않았습니다. 그때 다윗이 골리앗과 싸우겠다고 하여 사울이 기뻤습니다. 하지만 막상 다윗을 보니 어리고 약해 보여서 실망했습니다. 사울이 말했습니다.

"네가 가서 저 블레셋 사람과 싸우기에 능치 못하리니, 너는 소년이요 그는 어려서부터 용사임이니라."

사울의 이야기를 듣고 다윗이 말했습니다.

"주의 종이 아비의 양을 지킬 때에 사자나 곰이 와서 양떼에서 새끼를 움키면 내가 따라가서 그것을 치고 그 입에서 새끼를 건져내었고, 그것이 일어나 나를 해하고자 하면 내가 그 수염을 잡고 그것을 쳐 죽였었나이다. 주의 종이 사자와 곰도 쳤은즉 사시는 하나님의 군대를 모욕한 이 할례 없는 블레셋 사람이리이까? 그가 그 짐승의 하나와 같이 되리이다. 여호와께서 나를 사자의 발톱과 곰의 발톱에서 건져내셨은즉 나를 이 블레셋 사람의 손에서도 건져내시리이다."

싸우겠다고 나서는 사람이 아무도 없는데 다윗이 단호하게 이야기하자 사울이 싸우러 가라고 허락했습니다. 하지만 아무리 보아도 안 될 것 같아서 자기 군복을 벗어서 다윗에게 입히고 투구를 머리에 씌우고 갑옷을 입혔습니다. 다윗이 군복 위에 칼을 차고 행해 보니 불편해서 "익숙하지 못해 이것을 입고 가지 못하겠나이다." 하고는, 다 벗고 손에 물매를 들고 골리앗에게로 갔습니다.

골리앗이 다윗이 손에 물매를 들고 오는 모습을 보고 비웃었지만 다윗은 담대히 말했습니다. "나는 만군의 여호와의 이름, 곧 네가 모욕하는 이스라엘 군대의 하나님의 이름으로 네게 가노라." 그리고 주머니에서 돌을 취해서 물매로 던지자 골리앗의 이마에 박혀서 골리앗이 죽었습니다.

이 이야기에서 하나님을 의지하는 사람과 사람의 지혜와 힘을 의지하는 사람을 분명히 볼 수 있습니다. 사울은 싸우기 위해서 군복이 필요했고, 투구가 필요했으며, 갑옷이 필요했고, 칼이 필요했습니다. 다윗은 하나님의 이름을 의지하면 되었습니다. 다윗은 자신이 골리앗과 싸운다고 생각하지 않았습니다. 하나님이 싸워 주실 것을 믿고 나아갔습니다. 사울이 다윗에게 자기 방식대로 싸우라고 갑옷을 입히고 투구를 씌웠지만, 다윗은 익숙하지 않은 그 길을 갈 수 없었습니다. 다만 하나님을 의지해서 골리앗과 싸우러 갔습니다.

아덴에서 인간이 보기에 좋은 길을 걸은 뒤

사도 바울이 아덴에서는 하나님을 의지해서 복음을 전한 것이 아니라 자신이 보기에 합당한 방법으로 전했습니다. 그것이 바울의 마음에 깊은 아픔과 고통을 남겼습니다. 다시는 그 길을 가지 않아야겠다는 마음을 갖게 했습니다. 아덴에서 인간이 보기에 좋은 길을 걸은 뒤 바울은 오직 하나님의 능력으로 전도해야겠다고 마음먹었습니다. 아덴을 떠나 고린도에 가서는 자신의 지혜를 사용할까 두려워하는 마음으로 오직 하나님만 의지하여 복음을 전했습니다.

"내 말과 내 전도함이 지혜의 권하는 말로 하지 아니하고 다만 성령의 나타남과 능력으로 하여 너희 믿음이 사람의 지혜에 있지 아니하고 다만 하나님의 능력에 있게 하려 하였노라."(고전 2:4~5)

우리가 복음을 전하면 하나님이 역사하십니다. 우리가 사람들을 구원의 길로 이끄는 것이 아닙니다. 자신의 지혜를 의지하지 않고 순수하게 복음을 전하면 하나님이 듣는 사람들을 구원의 길로 이끄십니다. 우리가 하나님을 의지해서 걸음을 내디디면 항상 하나님이 역사하십니다.

32강

고린도 교회의 분파와 분쟁

"이후에 바울이 아덴을 떠나 고린도에 이르러 아굴라라 하는 본도에서 난 유대인 하나를 만나니, 글라우디오가 모든 유대인을 명하여 로마에서 떠나라 한 고로 그가 그 아내 브리스길라와 함께 이달리야로부터 새로 온지라. 바울이 그들에게 가매 업이 같으므로 함께 거하여 일을 하니 그 업은 장막을 만드는 것이더라. 안식일마다 바울이 회당에서 강론하고 유대인과 헬라인을 권면하니라. 실라와 디모데가 마게도냐로서 내려오매 바울이 하나님의 말씀에 붙잡혀 유대인들에게 예수는 그리스도라 밝히 증거하니 저희가 대적하여 훼방하거늘 바울이 옷을 떨어 가로되 '너희 피가 너희 머리로 돌아갈 것이요 나는 깨끗하니라. 이후에는 이방인에게로 가리라' 하고, 거기서 옮겨 하나님을 공경하는 디도 유스도라 하는 사람의 집에 들어가니 그 집

이 회당 옆이라. 또 회당장 그리스보가 온 집으로 더불어 주를 믿으며 수다한 고린도 사람도 듣고 믿어 세례를 받더라. 밤에 주께서 환상 가운데 바울에게 말씀하시되 '두려워하지 말며 잠잠하지 말고 말하라. 내가 너와 함께 있으매 아무 사람도 너를 대적하여 해롭게 할 자가 없을 것이니 이는 이 성중에 내 백성이 많음이라' 하시더라. 일 년 육개월을 유하며 그들 가운데서 하나님의 말씀을 가르치니라."(행 19:1~11)

사도 바울이 아덴을 떠나 고린도에 이르렀을 때, 그곳에서 '아굴라'라는 유대인을 만났습니다. 그즈음 로마 황제 글라우디오(클라우디우스)가 모든 유대인은 로마에서 떠나라는 명을 내려서, 아굴라가 그의 아내 브리스길라와 함께 로마에서 아가야(현재 그리스) 지방에 있는 도시 고린도로 왔습니다. 아굴라와 브리스길라는 장막 만드는 일을 했는데, 바울도 같은 일을 하여 두 사람이 바울과 함께 지내면서 일했습니다.

그리스도인이 직업을 갖는 것은 부끄러운 일이 아닙니다. 일하면서 복음을 전할 수 있습니다. 저도 복음 전도 초기에 어린이 전도 일을 했을 때에는 일하면서 복음을 전하려고 했습니다. 그런데 하나님께서 제가 돈 버는 일을 하려고 하면 자꾸 가로막으셔서 복음을 전하는 일에만 전념했습니다. 복음 전하는 데에 전념하는 동안 하나님이 내 삶을 지키셨고, 수많은 사람들이 구원받는 역사가 이어져서 감사했습니다.

고린도에서 1년 6개월을 머물며

사도 바울은 고린도에서 안식일마다 회당에서 강론하며 유대인과 헬라인에게 예수님을 믿으라고 했습니다. 마게도냐에 있던 실라와 디모데가 고린도에 도착한 뒤, 바울이 하나님의 말씀에 붙잡혀서 유대인들에게 예수님이 그리스도라고 밝히 증거했습니다. 하지만 유대인들은 바울이 전하는 말씀을 받아들이지 않고 바울을 대적하고 복음 전하는 것을 훼방했습니다. 복음이 전해지면 핍박은 언제 어느 곳에서나 일어납니다.

복음을 전하면서 분명히 알게 되는 것은, 공중의 권세 잡은 자인 사탄이 세상을 지배하고 있다는 사실입니다. 우리 조상 아담이 하나님의 말씀을 버리고 사탄의 말을 받아들여서 선악을 알게 하는 나무의 열매를 따먹어 인간이 죄에 물들고 사탄에게 속했습니다. 그렇기 때문에 사람이 죄에 물든 자신의 생각을 부인하고 복음을 받아들여서 거듭나지 않고는 하나님과 함께할 수 없으며, 오히려 하나님의 뜻을 대적하는 일을 할 수밖에 없습니다. 누구든지 복음을 받아들일 때 모든 죄가 씻어져서 의롭게 되고, 하나님의 자녀로 거듭나서 하나님과 동행할 수 있습니다.

사탄은 사람이 종교인이 되는 것은 전혀 상관하지 않습니다. 기독교인이 되어서 매주 교회에 가고 성경을 읽고 기도하고 헌금해도 상관하지 않습니다. 그러나 누군가 복음을 전해서 사람들이 죄 사함을 받고 거듭나는 것은 다릅니다. 그것은 사람들이 자기 영역에서 떠나 하늘나라 백성이 되는 것이기 때문에 견디질 못합니다. 방해하고, 비방하고, 대적하고, 핍박하고…, 온갖 일을 다 합니다.

유대인들이 복음을 거부하고 대적하는 것을 보고 바울이 말했습니다.

"너희 피가 너희 머리로 돌아갈 것이요 나는 깨끗하니라. 이후에는 이방인에게로 가리라."

그 후 사도 바울은 회당 옆에 있는, 하나님을 공경하는 '디도 유스도'라는 사람의 집에 가서 거했습니다. 바울을 영접한 디도 유스도 외에도 회당장 그리스보가 온 집안 사람들과 함께 예수님을 믿었고, 그 밖에도 수다한 사람들이 복음을 믿고 세례를 받았습니다. 하루는 밤에 하나님이 환상 중에 바울에게 말씀하셨습니다.

"두려워하지 말며 잠잠하지 말고 말하라. 내가 너와 함께 있으매 아무 사람도 너를 대적하여 해롭게 할 자가 없을 것이니, 이는 이 성 중에 내 백성이 많음이라."

하나님이 말씀하신 대로 고린도에서 많은 사람이 구원받아서 하나님의 백성이 되었습니다. 바울은 다른 도시에서와 달리 고린도에 1년 6개월을 머물며 성도들을 가르쳤습니다.

각기 좋아하는 취향을 따라간 고린도 교회 성도들

바울이 아덴에서 사람들에게 자기 생각에 좋은 대로 이야기했다가 하나님이 역사하시지 않는 것을 보고, 고린도에 가서는 두려워하며 심히 떨었습니다. 자신이 하는 전도가 지혜나 권하는 말로 이루어지는 것이 아니라 오직 성령의 나타남과 능력으로 되길 바랐습니다. 성도들에게서 예수 그리스도와 예수님이 십자가에 못박히신 것 외에는 아무것도 알지 않기로 작정했습니다.

바울이 그런 마음으로 고린도 교회 성도들을 가르쳤지만, 안타깝게도 나중에 고린도 교회 성도들이 교만해져서 교회가 어지러워졌습니다. 성도들이 네 파로 나뉘어 어떤 사람들은 바울에게, 어떤 사람들은 아볼로에게, 어떤 사람들을 베드로에게, 어떤 사람들을 그리스도에게 속했다고 말했습니다. 교회 안에 분쟁이 있고, 나중에는 더러운 죄를 짓는 사람도 생겼습니다.

"형제들아, 내가 우리 주 예수 그리스도의 이름으로 너희를 권하노니, 다 같은 말을 하고 너희 가운데 분쟁이 없이 같은 마음과 같은 뜻으로 온전히 합하라. 내 형제들아, 글로에의 집 편으로서 너희에게 대한 말이 내게 들리니 곧 너희 가운데 분쟁이 있다는 것이라. 이는 다름 아니라 너희가 각각 이르되 나는 바울에게, 나는 아볼로에게, 나는 게바에게, 나는 그리스도에게 속한 자라 하는 것이니"(고전 1:10~12)

고린도 교회 성도들이 바울이 전해준 말씀을 들었고, 그 후에 아볼로에게서도 배웠습니다. 베드로가 전한 이야기도 전해들었던 모양입니다. 그래서 어떤 사람은 '나는 바울에게 속했다' 하고, 어떤 사람은 '나는 아볼로에게 속했다' 하고, 어떤 사람은 '나는 게바에게 속했다' 하고, 어떤 사람은 '나는 사람에게 속하지 않고 그리스도에게 속했다' 했습니다. 각기 좋아하는 취향이 달라서 생각이 같은 사람들끼리 모이다 보니 교회에 분파가 생기고 분쟁이 일어났습니다. 교회가 굉장히 혼란해져서 교회에 죄가 들어오고, 음행하는 사람도 일어났습니다.

우리 선교회 안에도 여러 목회자가 있고, 목회자들이 다 같지는 않습니다. 그러다 보니 구원받은 성도들이 각기 좋아하는 목회자가 있습니다.

“나는 아무개 목사님 말씀이 은혜로워.”

“나는 아무개 목사님 말씀이 신선하고 좋아.”

“나는 아무개 목사님 말씀이 깊이 있고 생각할 것이 많아서 좋아.”

이처럼 자기 취향에 맞는 목회자를 좋아합니다. 그러나 ‘나는 아무개 목회자에게 속했다’고 말해서 분쟁을 일으키지는 않습니다. 그런데 성도들이 마음이 높아져서 각기 원하는 대로 행한다면 교회가 나누일 수밖에 없습니다. 같은 생각을 가진 사람들끼리 무리를 이루어서 ‘바울파, 아볼로파, 게바파’처럼 분파를 만듭니다. 파마다 좋아하는 것이나 생각하는 것이 다르기 때문에 분쟁이 생길 수밖에 없습니다. 이처럼 각기 자신이 보기에 옳은 대로 행하기 시작하면, 나중에는 자기 보기에 좋으면 죄도 짓게 됩니다. 실제로 고린도 교회는 심각한 어두움 속에 있었습니다.

사탄은 교회를 흩으려고 구원받은 성도들을 각기 자신이 좋아하는 취향을 따라가게 만듭니다. 그 결과로 교회 안에 분쟁이 심해져서 교회가 무너지게 만들려고 합니다.

구약 성경을 바탕으로 체계적으로 가르쳤을 아볼로

고린도 교회 성도들이 따랐던 한 사람인 아볼로에 관하여는 사도행전 18장 후반부에 나옵니다.

“알렉산드리아에서 난 아볼로라 하는 유대인이 에베소에 이르니, 이 사람은 학문이 많고 성경에 능한 자라. 그가 일찍 주의 도를 배워

열심으로 예수에 관한 것을 자세히 말하며 가르치나 요한의 세례만 알 따름이라. 그가 회당에서 담대히 말하기를 시작하거늘 브리스길라와 아굴라가 듣고 데려다가 하나님의 도를 더 자세히 풀어 이르더라. 아볼로가 아가야로 건너가고자 하니 형제들이 저를 장려하며 제자들에게 편지하여 영접하라 하였더니, 저가 가매 은혜로 말미암아 믿은 자들에게 많은 유익을 주니 이는 성경으로써 예수는 그리스도라고 증거하여 공중 앞에서 유력하게 유대인의 말을 이김일러라."(행 18:24~28)

아볼로는 알렉산드리아 출신 유대인으로, 배운 것이 많고 성경을 잘 아는 사람이었습니다. 그가 예수님에 관하여 듣고 마음에 받아들인 뒤 사람들에게 예수님에 관하여 자세히 말하며 가르쳤습니다. 그러나 제대로 배운 적이 없어서 요한의 세례만 알 뿐이었습니다. 그가 에베소에 이르렀을 때 유대인 회당에 들어가서 예수님에 관하여 담대히 말했습니다. 에베소에 머물고 있던 브리스길라와 아굴라가 그 모습을 보고, 아굴라를 데려다가 바울에게 배운 바를 자세히 가르쳐 주었습니다.

그 후 아볼로가 아가야 지방으로 건너가고자 하여 에베소 형제들이 아가야 성도들에게 아볼로를 영접하라는 편지를 보냈습니다. 아볼로가 아가야 지방으로 가서 많은 사람들 앞에서 예수님이 그리스도라는 사실을 증거하여 유대인들의 말을 힘있게 이겨서 믿는 성도들에게 많은 유익을 주었습니다.

아볼로는 구약 성경을 많이 알고 있었고 세상 학문도 많이 배운 사람이었습니다. 그랬기 때문에 구약 성경을 바탕으로 신앙에 관하여 체계적으로 잘 가르쳤을 것입니다. 고린도 교회 성도들 가운데 아볼로의 그런 가르침을 유난히 좋아하는 이들이 있었습니다. 그런 사람들이 모여서 아볼로를 추종하는 세력을 만들었습니다. 아볼로가 고린도 교회 성도들이 자신을 추종하는 것을 원한 것이 아니라, 아볼로가 떠난 뒤 성도들이 자신들의 생각을 좇아서 그렇게 했습니다.

"형제 아볼로에 대하여는, 저더러 형제들과 함께 너희에게 가라고 내가 많이 권하되 지금은 갈 뜻이 일절 없으나 기회가 있으면 가리라."(고전 16:12)

아볼로는 고린도 교회 성도들이 자신을 추종하는 무리를 만든 것이 싫어서, 사도 바울이 그에게 형제들과 함께 고린도 교회에 가라고 많이 권했지만 갈 뜻이 전혀 없다고 했습니다. 하지만 기회가 되면 갈 것이라고 바울이 말했습니다.

말씀이 우리 생각을 이겨야지 우리 생각이 말씀을 이기면…

고린도 교회 성도들은 자신들이 좋아하는 대로 신앙생활을 하려고 했습니다. 사도 바울을 좋아하는 사람은 바울을 추종하고, 아볼로를 좋아하는 사람은 아볼로를 추종하고, 베드로를 좋아하는 사람은 베드로를 추종했습니다. 아무도 따르기 싫은 사람은 그리스도를 따른다고 말했습니다. 그로 인해 교회 안에 분쟁이 생겼습니다.

구원받은 지 얼마 되지 않은 사람은 성경을 전체적으로 알 수 없습니다. 그래서 자신이 좋아하는 이야기가 은혜롭게 들립니다. '나는 저 목사님 설교가 정말 좋아.' 그렇게 여길 수 있습니다. 목회자의 설교가 성도들의 마음에 하나님의 말씀을 깨닫게 해주어서 성도의 신앙이 자라면 그보다 좋은 것이 없습니다. 그런데 그 설교만 좋다고 하면 문제가 됩니다. 성령의 인도를 따르기보다 자신이 좋아하는 것을 따르게 되기 때문입니다. 자신이 좋아하는 설교만 듣다 보면 다른 목회자가 하나님의 말씀을 전해도 마음에 맞지 않는다고 배척하게 됩니다. 자신이 좋아하지 않는 목회자의 설교를 다른 사람이 좋아하면 '그런 설교가 뭐가 좋아?' 하고 또 배척하게 됩니다. 그로 인해 분쟁이 생기고 교회가 어지러워집니다.

교회가 혼란스러워지면 성도들이 점점 타락합니다. 고린도 교회에는 여러 가지 어지러운 문제들이 생겼고, 심각한 음행도 일어났습니다. 교회에는 하나님의 역사도 강력하지만 사탄도 강하게 일합니다. 교회가 세상에서 사탄의 세계를 무너뜨리고 하나님의 세계를 넓혀가기 때문입니다.

우리가 보기에 좋은 것이 좋은 것이 아니고, 우리 마음에 드는 것이 좋은 것도 아닙니다. 하나님이 보시기에 좋은 것이 좋은 것입니다. 구원받은 성도는 자신이 보기에 좋은 것을 좇아야 하는 것이 아니라 하나님이 보시기에 좋은 것을 좇아야 합니다. 하나님이 보시기에 좋은 것을 기록한 것이 성경 말씀입니다. 우리는 각기 자신이 좋아하는 것을 좇는 것이 아니라 성경 말씀을 따라야 합니다. 신앙생활에서 가장 중요한 사실은, 우리가 하나님을 이겨서는 안 됩니다. 하나님이 우리를 이기셔야 합니다. 성경 말씀이 우리 생각을 이겨야지, 우리 생각이 성경 말씀을 이기면 온갖 문제가 일어납니다.

우리가 하나님을 좇을 때 교회 안에 놀라운 하나님의 역사가 나타납니다. 하나님의 능력이 나타납니다. 우리 선교회에서 복음을 전하는 동안 하나님께서 정말 놀랍게 역사하셨습니다. 다 이야기하기 힘들 만큼 많은 일을 하나님이 이루셨습니다. 제가 복음을 전하면서 얼마나 많은 은혜를 입고 복을 받았는지 모릅니다. 말로 표현할 수 없을 만큼 감사하고 감격스러울 때가 많았습니다.

사탄은 이런 놀라운 교회를 어지럽히려고 성도들로 하여금 자신이 좋아하는 것을 따르게 만듭니다. 자기 길을 따르는 사람들은 자신이 신앙생활을 잘하는 것처럼 여기지만 실제로는 하나님의 뜻과 전혀 다른 길을 갑니다. 하나님은 교회가 한 몸을 이루게 하셨지만 자신이 좋아하는 것을 따르는 사람들은 교회를 나누어 파를 만들고 분쟁을 일으킵니다. 자신과 다른 사람들을 배척하고 주위 사람들로 하여금 그들을 불신하게 만듭니다.

신앙생활을 자신의 취향대로 하려는 사람은 자기 마음을 꺾지 않습니다. 자신의 생각을 부인하지 않고 자기 생각대로 말하고 행동합니다. 그것은 신앙을 등지는 너무나 안타깝고 가슴 아픈 일입니다. 사도 바울은 고린도에 있을 때 떨고 두려워하며, 자신을 통해서 사람의 지혜가 나타나지 않고 오직 하나님의 능력이 나타나기를 바라며 복음을 전하고 성도들을 가르쳤습니다. 그런 마음을 가진 바울의 가르침과 인도를 받은 성도들이 안타깝게도 얼마 가지 않아서 자신의 지혜를 자랑하고 자신의 옳음을 주장하는 사람들이 되었습니다.

"형제들아, 내가 신령한 자들을 대함과 같이 너희에게 말할 수 없어서 육신에 속한 자 곧 그리스도 안에서 어린아이들을 대함과 같이 하노라. 내가 너희를 젖으로 먹이고 밥으로 아니하였노니 이는 너희가 감당치 못하였음이거니와 지금도 못하리라. 너희가 아직도 육신

에 속한 자로다. 너희 가운데 시기와 분쟁이 있으니 어찌 육신에 속하여 사람을 따라 행함이 아니리요."(고전 3:1~3)

고린도 교회 성도들은 자신들이 지혜롭고 믿음이 좋다고 생각했지만 사도 바울은 그들에게 신앙적으로 어린아이라고 했습니다. 하나님의 영의 인도를 따라 사는 것이 아니라 자신의 육신을 좇아 행했기 때문입니다.

이 시대의 교회 성도들이 자신이 보기에 좋은 것을 좇거나 자기 옳음을 주장하는 것이 아니라 하나님의 영의 인도를 따라서 살기를 바랍니다. 교회 안에 인간의 소리가 높아져서 교회가 나뉘고 분쟁이 일어나는 것이 아니라 사람의 소리는 사라지고 성령의 음성이 높아지길 바랍니다. 그래서 성도들이 다 성령의 인도를 따라 살아서 교회 안에 하나님의 역사가 가득하길 바랍니다. 교회 안에서 사람의 다툼이 나타나는 것이 아니라 하나님이 일하신 것들이 나타나서, 세상의 수많은 사람들이 구원받는 역사가 일어나길 바랍니다.

33강

에베소에서 일어난 큰 역사와 강한 대적

"하나님이 바울의 손으로 희한한 능을 행하게 하시니, 심지어 사람들이 바울의 몸에서 손수건이나 앞치마를 가져다가 병든 사람에게 얹으면 그 병이 떠나고 악귀도 나가더라. 이에 돌아다니며 마술하는 어떤 유대인들이 시험적으로 악귀 들린 자들에게 대하여 주 예수의 이름을 불러 말하되 '내가 바울의 전파하는 예수를 빙자하여 너희를 명하노라' 하더라. 유대의 한 제사장 스게와의 일곱 아들도 이 일을 행하더니, 악귀가 대답하여 가로되 '예수도 내가 알고 바울도 내가 알거니와 너희는 누구냐?' 하며 악귀 들린 사람이 그 두 사람에게 뛰어올라 억제하여 이기니 저희가 상하여 벗은 몸으로 그 집에서 도망하는지라. 에베소에 거하는 유대인과 헬라인들이 다 이 일을 알고 두려워하며 주 예수의 이름을 높이고, 믿은 사람들이 많이 와서 자복하여 행한

일을 고하며 또 마술을 행하던 많은 사람이 그 책을 모아가지고 와서 모든 사람 앞에서 불사르니 그 책 값을 계산한즉 은 오만이나 되더라. 이와 같이 주의 말씀이 힘이 있어 흥왕하여 세력을 얻으니라. 이 일이 다 된 후 바울이 마게도냐와 아가야로 다녀서 예루살렘에 가기를 경영하여 가로되 '내가 거기 갔다가 후에 로마도 보아야 하리라' 하고" (행 19:11~21)

손수건이나 앞치마를 가져다가 병든 사람에게 얹기만 해도

사도 바울이 고린도에서 1년 6개월을 머물며 성도들을 가르친 뒤, 소아시아 땅의 에베소에 잠시 들렀다가 배를 타고 유대 땅 가이사랴로 갔습니다. 바울은 가이사랴 교회의 안부를 물은 후 안디옥 교회로 갔습니다. 그렇게 2차 전도 여행을 마쳤습니다.

얼마 후 바울은 다시 안디옥 교회를 떠나서 갈라디아 지방과 브루기아 지방을 차례로 다니면서 제자들의 믿음을 굳게 했습니다. 그 후 바울은 소아시아 땅의 에베소에 이르렀습니다. 아볼로가 에베소에 있다가 고린도로 간 뒤였습니다. 바울이 에베소에 있는 회당에 들어가서 석 달 동안 하나님 나라에 대하여 담대히 강론하며 사람들에게 예수님을 믿으라고 권했습니다. 그러나 마음이 고집스런 사람들이 무리 앞에서 바울이 전하는 말씀을 비방해, 바울이 그들을 떠나서 제자들을 따로 세우고 두란노서원에서 날마다 강론했습니다. 2년 동안 이같이 하여 유대인이나 헬라인이나 다 주의 말씀을 들었습니다.

바울이 에베소에서 머무는 동안 하나님이 바울의 손으로 놀라운 능력을 행하게 하셨습니다. 사람들이 바울의 몸에서 손수건이나 앞치마를 가져다가 병든 사람에게 얹기만 해도 병이 낫고 악귀가 떠났습니다.

그런 일이 널리 알려져서, 돌아다니며 마술을 하던 유대인들은 악귀가 들린 사람에게 "내가 바울이 전파하는 예수를 빙자해 명하노라."라고 하기도 했습니다. 유대의 제사장인 '스게와'의 일곱 아들도 악귀 들린 사람에게 그렇게 했다가 봉변을 당했습니다. 악귀가 "예수도 내가 알고 바울도 내가 알거니와 너희는 누구냐?" 하며, 악귀 들린 사람이 두 사람에게 뛰어올라서 저희를 때려눕혀 그들이 벗은 몸으로 그 집에서 도망쳤습니다. 에베소에 거하는 유대인들과 헬라인들이 이 일을 듣고 두려워하며 예수님의 이름을 높였습니다.

다시 어두움이 밀려오고, 또 밝은 아침이 찾아오고

구원받은 성도에게는 하나님의 역사와 핍박이 늘 함께 있습니다. 닥치는 환난으로 인해 '너무 힘들고 어려워서 신앙생활을 더이상 못 하겠다' 하고 교회를 떠나고 신앙을 등지는 사람도 있지만, 시련을 당할 때 성도가 하나님의 지키심과 도우심을 간절히 소망하면서 교회가 힘있게 일어납니다. 반대로 핍박이나 시련이 없으면 성도의 삶이 안일해지고, 마음이 육신의 욕망을 좇고 세상으로 흘러갑니다.

기독교 역사를 보면, 구원받은 성도들이 핍박을 받을 때가 있었고 평화로울 때가 있었습니다. 그 결과를 보면 핍박을 받고 힘들었을 때가 평화로울 때보다 훨씬 좋았다는 사실을 알 수 있습니다. 성도가 예수님을 사랑하지만 육신의 욕구 또한 가지고 있습니다. 그래서 평화로우면 예수님을 찾는 것이 아니라 육신의 욕구를 따라서 흘러가고 싶은 마음이 강해집니다.

요즘은 옛날에 비하면 먹는 것이나 입는 것 등 삶이 얼마나 좋아졌는지 모릅니다. 옛날에는 서민이 승용차 갖는 것을 생각도 못했지만 요즘은 거의 모든 사람이 좋은 자가용을 가지고 있습니다. 그런데도 사람들은 더 많은 것을 누리고 싶어합니다. 구원받은 성도도 세상의 흐름을 따라서 더 좋은 것, 더 많은 것을 누리려고 합니다. 편하면 편할수록 우리 마음에서 육신의 소욕이 커지고, 어려우면 어려울수록 하나님의 역사와 사랑이 커집니다.

창세기 1장에 '저녁이 되고 아침이 되니'라는 말이 여러 번 나옵니다. 구원받은 성도가 신앙생활을 하는 동안 시련과 환난이 일어나고, 그때 주저앉지 않고 하나님을 바라보며 앞으로 나아가면 놀라운 역사가 일어납니다. 이어서 다시 어두움이 밀려오고 또 밝은 아침이 찾아옵니다. 그렇기 때문에 밤이 깊을 때 절망하지 말고 '아침이 가까웠구나' 생각하면 되고, 평안할 때 '복되게 지내지만 시련이 찾아올 때가 있을 것이다'라고 생각하면 됩니다.

사도 바울은 복음을 전하면서 많은 핍박과 고난을 당했습니다. 제대로 자지 못하고, 먹지 못하고, 헐벗고, 옥에 갇히고, 매를 맞고…. 그만큼 하나님의 역사 또한 맛보았습니다. 그 기쁨과 행복이 겪은 고난과 비교할 수 없이 커서 바울은 하나님의 사랑에 잠겨서 살았습니다. 나중에는 시련과 환난이 몰려와도 조금도 흔들리지 않고 하나님의 뜻을 좇아 담담히 걸어갔습니다. 결국 로마에 가서 복음을 전해서 온 세상에 복음의 꽃이 피어나는 놀라운 역사의 문을 열었습니다.

언제 어느 때에라도 우리가 하나님을 바라봄으로써 모든 것이 아름다워집니다. **"우리가 알거니와 하나님을 사랑하는 자, 곧 그 뜻대로 부르심을 입은 자들에게는 모든 것이 합력하여 선을 이루느니라."** (롬 8:28)라는 말씀이 너무 좋습니다.

구약 성경에서 다윗이 사울 왕에게 쫓겨다니면서 죽을 뻔한 적도 있었고, 자신을 따르던 사람들과 함께 거했던 시글락 성이 불탄 적도 있었습니다. 절망을 가져다주기도 한 그 어려움들이 고통으로 끝난 것이 아니었습니다. 오히려 기쁨과 행복을 가져다주는 시작점이 되었습니다.

이 사람은 내일 죽는다고 했지만

오늘날도 우리가 예수님을 의지하며 살 때 어려움이 찾아오지만 하나님이 모든 어려움을 복으로 바꾸십니다.

하루는 제가 필리핀에 있는 남경현 선교사에게 전화를 했습니다. 그런데 남 선교사가 아닌 아들이 전화를 받았습니다.

"아버지 좀 바꿔 주거라."

"아버지 병원에 입원하셨어요."

"왜?"

"뎅기피버에 걸리셨어요."

뎅기피버는 열대지방에서 주로 발생하는 병으로 치사율이 아주 높아서 굉장히 위험합니다.

"어느 병원에 입원했는데?"

"필리핀 메디컬센터요."

나중에 남 선교사가 어떻게 뎅기피버에 걸렸는지 들었습니다. 병에 걸리기 며칠 전에 남 선교사가 숲속에 있는 마을에 찾아가서 복음을 전하고 돌아왔습니다. 그런데 하룻밤 자고 일어나니 얼굴이 까맣고 온몸의 피부가 까매지기 시작했습니다. 교회 형제들은 "목사님, 이제 우리하고 피부 색깔이 비슷해졌네요. 이런 피부색으로 사람들을 만나면 전도하기 좋겠어요." 하며 좋아했습니다. 사실은 뎅기피버에 걸려서 피가 썩어서 몸이 까매진 것이었습니다.

잠시 후 몸에 열이 심해서 급히 병원으로 갔습니다. 검사 결과 뎅기피버였습니다. 바로 입원했지만 상태가 심각해서 죽어가고 있었습니다. 의사가 남경현 선교사가 못 알아들을 줄 알고 필리핀 현지어로 "이 한국 사람 오늘 죽는다."라고 말하는 것을 남 선교사가 들었습니다. 귀로는 소리를 듣지만 말은 할 수 없었습니다.

그 상태에서 제가 필리핀 메디컬센터에 전화를 했습니다. 병원 교환원에게 응급실을 연결해 달라고 했습니다. 응급실이 연결되어, 한국에서 온 남 선교사를 바꿔 달라고 했습니다. 그때 남 선교사는 말도 하지 못하고 죽어가고 있었습니다. 전화를 받을 수 없는 상황이어서 아내 되는 사모님이 받았습니다. 제가 "여보세요." 하자 사모님이 내 목소리를 알아듣고 갑자기 엉엉 울기 시작했습니다.

"목사님, 이제 우린 어떻게 해야 돼요? 우린 어떻게 해야 돼요?"

남 선교사가 아직 죽지 않았지만 사모님 마음에서는 남편이 이미 죽어 있었습니다. 그래서 남편이 죽으면 남은 가족은 어떻게 하냐며 울었습니다. 제가 울지 말라고 해도 사모님이 계속 울었습니다. 제가 말했습니다.

"울지 마요. 남 목사 안 죽어요. 왜 울어요? 진짜 울 일 생기면 좋겠어요?"

제 이야기를 듣고 사모님이 울음을 그쳤습니다.

"그럴까요?"

"그럴까요가 뭐예요? 누가 남경현 목사를 필리핀에 보냈어요? 기쁜소식선교회가 보냈어요? 아니면, 박옥수 목사가 보냈어요? 아니에요. 하나님이 보내셨어요. 왜 보내셨어요? 복음 전하라고 보내셨어요. 사모님은 남 목사가 필리핀에서 할 일을 다 마쳤다고 생각해요? 그렇지 않아요. 이제 시작 단계예요. 남 목사가 할 일이 아직 많아요. 하나님이 남 목사를 통해서 필리핀 사람들을 구원하는 일을 시작하셨고, 마치실 거예요. 하나님이 계획하신 일을 마치기 전까진 주님이 남 목사를 안 불러요. 남 목사 안 죽어요."

사모님이 제 이야기를 한참 듣더니 다시 말했습니다.

"그럴까요?"

"사모님, 그럴까요가 뭐예요? 하나님은 필리핀에 있는 많은 사람들을 위해서 남 목사를 보내셨어요. 하나님은 실패하시지 않고 남 목사를 통해서 필리핀의 많은 생명을 건지실 거예요."

사모님이 제 이야기를 듣고 마음에 힘을 얻었습니다. 우리 가운데 하나님이 살아 일하시지만 우리는 눈에 보이는 상황에 마음이 빠져서 어려워하고 절망할 때가 많습니다. 남 선교사가 죽어가고 있었지만, 성도가 죽는 것은 하나님의 뜻 안에 있습니다. 저는 남 선교사가 죽지 않는다고 확신했습니다. 필리핀에서 복음의 역사가 힘있게 일어나고 있고 그 일을 아직 마치지 않았기 때문에, 그 일을 이루기 위해서 남경현 선교사를 필리핀으로 보내신 하나님께서 남 선교사를 데려가시지 않을 줄 믿었습니다.

전화를 끊고 사모님이 남편이 누워 있는 병실로 갔습니다. 남 선교사가 아무 말도 못 하지만 귀는 열려 있었습니다. 사모님이 남편 귀에 대고 이야기했습니다.

"여보, 한국 박옥수 목사님한테서 전화가 왔어. 목사님이 당신 절대로 안 죽는다고 하셨어. 당신을 필리핀으로 보내신 분은 기쁜소식선교회도 아니고 박 목사님도 아니고 하나님이라고 그러셨어. 당신이 필리핀에 와서 복음 전하는 일이 아직 다 끝나지 않았대. 하나님이 그 뜻을 이루시기 위해 당신을 보내셨기 때문에 그 일이 다 이루어지기 전에는 당신이 절대 죽지 않는다고 하셨어."

남 선교사가 그 말을 듣고 눈물을 흘렸습니다. 마음에서 '내가 죽지 않고 살겠구나!'라는 마음이 들었습니다. 그때부터 열이 내리기 시작했습니다. 그날 오후에 죽을 거라고 했는데 이튿날 퇴원했습니다. 지금도 얼마나 건강하게 지내는지 모릅니다. 필리핀에서 힘있게 복음을 전하고 있습니다.

가난하게 살았던 날들이 풍족하게 산 때보다 좋았다

사도 바울에 비할 수는 없겠지만 저도 구원받고 복음을 전하면서 사는 동안 숱한 어려움을 만나고 핍박을 받았습니다. 코로나 팬데믹이 시작되면서도 교회가 큰 어려움을 겪었습니다. 성도들이 모여서 함께 예배를 드릴 수 없었고, 사람들을 모아놓고 전도 집회를 가질 수도 없었습니다. 그러나 하나님이 온라인으로 복음을 전하는 길을 열어 주셨습니다. 대면으로 복음을 전할 때에는 전도 집회 장소에 수천 명이 모여서 말씀을 들었지만 온라인으로 복음을 전하자 수 억 명이 우리가 전하는 말씀을 들을 수 있었습니다.

제가 온라인 전도 집회에서 전하는 말씀을 여러 언어로 동시통역했는데 세계 655개 방송국에서 그 말씀을 방송해 주었습니다. 코로나19로 가족과 친척과 친구를 잃고 고통하던 사람들이, 자신도 바이러스에 감염되어 죽을 수도 있다는 두려움에 사로잡혀 있던 헤아릴 수 없이 많은 사람들이 세계 곳곳에서 우리가 전하는 말씀을 듣고 예수님을 믿어 고통과 두려움에서 벗어났습니다. 참된 평안과 기쁨을 얻었습니다.

제가 복음을 위해 살면서 초기에는 자주 굶었고, 차비가 없어서 먼 길을 걸어다닐 때도 많았습니다. 돌아보면 그렇게 살았던 날들이 풍족하게 사는 때보다 훨씬 좋았습니다. 가진 것은 없지만 하나님이 주시는 기쁨과 감사가 마음에 가득해서 너무 행복했습니다.

사도 바울이 배를 타고 로마로 갈 때 14일 동안이나 큰 풍랑이 이어져서 배가 완전히 부서졌습니다. 배에 탄 사람들이 헤엄치거나 나뭇조각을 의지해서 겨우 멜리데 섬에 이를 수 있었습니다. 하나님이 그 풍랑을 잠잠케 하실 수 없어서 그런 일을 겪게 하신 것이 아닙니다. 그것이 유익하기 때문에 허락하셨습니다.

다윗도 시련을 많이 겪었고 요셉도 많은 시련을 겪었습니다. 하나님이 쓰시는 사람에게는 많은 시련이 있었습니다. 그 시련들이 그들 마음에 하나님을 바라보고 의지하는 마음을 만들어 주었습니다. 하나님이 역사하셔서 모든 것이 아름답게 변하는 것을 보고 기뻐하며 감사하는 삶을 가르쳐 주었습니다. 그래서 언제나 하나님을 소망하며 살 수 있었습니다. 솔로몬 왕은 시련 없이 자랐습니다. 그래서 그가 왕이 되었을 때 금방 하나님을 등지고 방탕해지고 말았습니다.

누구든지 하나님의 뜻을 따라 살려고 하면 핍박이 뒤따릅니다.

"무릇 그리스도 예수 안에서 경건하게 살고자 하는 자는 핍박을 받으리라."(딤후 3:12)

우리에게 시련이 닥치고 우리를 핍박하는 사람들이 있는 것이 얼마나 감사한지 모릅니다. 그런 것들이 우리로 하여금 하나님을 바라보게 하고 하나님을 의지하는 삶을 배우게 합니다. 그리고 우리가 하나님을 소망할 때 하나님이 역사하셔서 모든 것이 아름답게 변합니다. 하나님이 우리에게 어려움을 이길 힘을 주시고 은혜를 베푸십니다. 우리가 하나님과 함께할 때 그 어떤 것도 문제가 되지 않습니다.

"그러나 이 모든 일에 우리를 사랑하시는 이로 말미암아 우리가 넉넉히 이기느니라."(롬 8:37)

사도 바울과 에베소 교회에 큰 어려움이 닥칠 것 같았지만

에베소에서 하나님이 사도 바울의 손으로 놀라운 능력을 행하게 하셨습니다. 사람들이 바울의 몸에서 손수건이나 앞치마를 가져다가 병든 사람에게 얹기만 해도 병이 낫고 악귀가 떠났습니다. 바울을 통해서 놀라운 역사들이 이루어지고 에베소 사람들이 예수님의 이름을 높였습니다. 그러자 사탄이 강하게 대적했습니다.

'데메드리오'라는 은장색이 있었는데, 그가 은으로 아데미(아르테미스) 여신의 모형 신전을 만들어서 팔아 직공들이 적지 않은 돈을 벌었습니다. 그가 직공들과 같은 영업을 하는 사람들을 모아서 말했습니다.

"여러분도 알거니와, 우리가 이 일을 하여 유족하게 살고 있습니다. 그런데 바울이라는 자가 이곳 에베소에서만 아니라 아시아 모든 지역에서 허다한 사람들에게 '사람의 손으로 만든 것들은 신이 아니다'라고 말합니다. 이는 여러분도 보고 들은 바입니다. 우리가 하고 있는 일만 천해질 위험이 있을 뿐 아니라, 큰 여신 아데미의 신전도 경홀히 여겨지고, 온 아시아와 천하가 위하는 아데미의 위엄도 떨어질까 염려됩니다."

모인 사람들이 데메드리오의 이야기를 듣고 화가 치밀어서 큰 소리로 외쳤습니다.

"크다! 에베소 사람의 아데미여!"

그들이 외치는 소리를 듣고 사람들이 모여들어서 온 성이 요란해졌습니다. 모인 사람들이 바울과 같이 다니는, 마게도냐 사람 '가이오'와 '아리스다고'를 잡아 연극장으로 달려 들어갔습니다. 그 광경을 보고 바울이 사람들에게 말하려고 무리 가운데로 들어가려고 했지만 제자들이 말렸습니다. 또, 로마 관원 중 바울의 친구인 몇몇 사람도 바울에게 사람을 보내서 '연극장에 들어가지 말라'고 권했습니다.

연극장에 모인 사람들이 더러는 이렇게 외치고 더러는 저렇게 외쳐서, 자신들이 무엇 때문에 모였는지조차 알지 못하는 사람이 많았습니다. 유대인들도 연극장으로 와서 그 광경을 보고 알렉산더를 권해 무리 앞에 서게 했습니다. 알렉산더가 모인 사람들에게 손짓하며 이야기하려고 하자 사람들이 그가 유대인인 것을 알고 한 목소리로

"크다! 에베소 사람의 아데미여!"라고 외쳤습니다. 그렇게 외치기를 두 시간 동안이나 했습니다.

그때 서기장이 무리를 진정시키며 말했습니다.

"에베소 시민 여러분, 우리 에베소가 위대한 여신 아데미의 신전과 하늘에서 내려온 그 신상의 수호자가 된 것을 누가 모르겠습니까? 이것은 부인할 수 없는 사실이니, 이제 여러분이 진정하시고 경솔히 행동해서는 안 됩니다. 신전의 물건을 도둑질한 것도 아니고, 실제로 아데미 여신을 훼방하지도 않은 이 사람들을 여러분이 여기로 끌고 왔습니다. 만일 데메드리오와 직공들이 누구를 송사할 일이 있으면, 재판하는 날도 있고 총독들이 있으니 고소하십시오. 그 외에 원하는 것이 있으면 민회에서 결의해야 할 것입니다. 오늘 이유 없이 발생한 이 소요로 인해 우리가 문책을 받을 위험이 있습니다. 이 불법 집회에 관하여 상부에 보고할 자료가 없습니다. 그러니 이제 해산하십시오."

이렇게 말하고 모인 사람들을 돌아가게 했습니다.

데메드리오와 그와 함께 일하는 직공들이 "크다! 에베소 사람의 아데미여!"라고 외치고, 수많은 에베소 사람들이 동조했을 때에는 사도 바울과 에베소 교회에 큰 어려움이 닥칠 것 같았습니다. 흥분한 사람들이 교회에 큰 해를 끼칠 것 같았습니다. 그러나 하나님이 마치 아무 일도 없었던 것처럼 무리를 흩어지게 하셨습니다.

복음을 전하며 사는 동안 늘 기쁨과 감사가 남았다

우리가 복음을 전하는 동안 사탄은 우리를 막기 위해서 어떤 일이든지 합니다. 예수님을 믿지 않는 사람들을 충동질해서 우리를 대적하게 만듭니다. 사도행전 마지막 장인 28장에서 바울이 로마에 도착해서 유대인들 가운데 높은 사람들을 청했을 때, 그들이 바울에게 말하기를 "우리가 너의 사상이 어떠한가 듣고자 하노니, 이 파에 대하여는 어디서든지 반대를 받는 줄 우리가 앎이라."라고 했습니다. 복음을 전하는 사람은 어디서든지 배척을 당하고 핍박을 받습니다. 때로는 핍박이 극심해서 감옥에 갇힌 성도들도 있었고, 때로는 순교한 성도들도 있었습니다. 그러나 하나님은 언제나 구원받은 사람들을 지키시고, 그 삶을 복되고 영광스럽게 이끄셨습니다.

오늘날도 복음을 전하다 보면 사람들이 비난도 많이 하고 욕도 많이 합니다. 복음을 전해서 사람들이 죄에서 벗어나 하나님의 자녀가 되는 것을 사탄이 가장 싫어하고 두려워하기 때문입니다. 제가 구원받고 60여 년을 복음을 전하며 살았습니다. 그동안 사실이 아닌 지어낸 이야기로 저를 욕하고 비난하는 사람도 있었고, 우리 교회를 이단이라고 하는 말도 안 되는 비방도 많이 들었습니다. 어떤 때에는 너무 어려운 문제를 만나서 '이 어려움을 어떻게 넘어가지?' 하며 깊이 근심할 때도 있었고, '내가 복음을 전하는 일이 여기서 끝나는구나…' 할 때도 있었습니다.

그러나 언제나 하나님이 저와 함께하시며 저를 지키시고 도우시는 것을 보았습니다. 어려움이 찾아왔지만 하나님이 그것을 시작으로 복되고 영광스런 일을 이루시는 것을 수없이 보았습니다. 그래서 복음을 전하며 사는 동안 마음에 늘 기쁨과 감사가 남았습니다.

사도행전 강해 2

초판 2025년 10월 23일

지은이 **박옥수**

발행인 **이종한**
책임편집 **박민희**
북디자인 **안경훈, 김주영**

발행처 **도서출판 기쁜소식**
출판신고 **제2006-44호**
주　소 **서울시 양천구 신월로24길 8**
문의처 02-2690-8860
이메일 edit@goodnews.kr
인쇄·제본 **프린트세일**

ISBN 978-89-6443-129-0 (04230)